碳约束下的
产业结构优化研究
——基于全球产业链网络视角

江美辉 高湘昀 ◎ 著

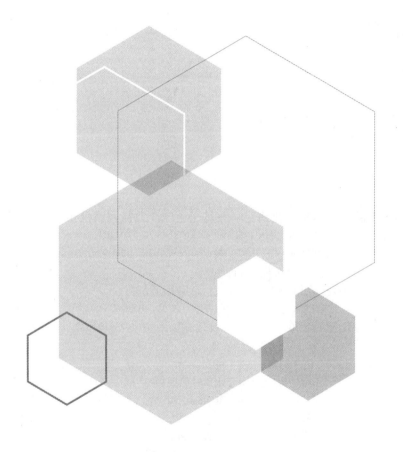

中国财经出版传媒集团

经济科学出版社
Economic Science Press

·北 京·

图书在版编目（CIP）数据

碳约束下的产业结构优化研究：基于全球产业链网络视角/江美辉，高湘昀著. -- 北京：经济科学出版社，2024.8. -- ISBN 978-7-5218-6305-5

Ⅰ. F264

中国国家版本馆 CIP 数据核字第 2024MK1807 号

责任编辑：张　蕾
责任校对：王苗苗
责任印制：邱　天

碳约束下的产业结构优化研究——基于全球产业链网络视角
TANYUESHU XIADE CHANYE JIEGOU YOUHUA YANJIU
——JIYU QUANQIU CHANYELIAN WANGLUO SHIJIAO
江美辉　高湘昀　著
经济科学出版社出版、发行　新华书店经销
社址：北京市海淀区阜成路甲 28 号　邮编：100142
应用经济分社电话：010 - 88191375　发行部电话：010 - 88191522
网址：www. esp. com. cn
电子邮箱：esp@ esp. com. cn
天猫网店：经济科学出版社旗舰店
网址：http：//jjkxcbs. tmall. com
固安华明印业有限公司印装
710×1000　16 开　8.25 印张　160000 字
2024 年 12 月第 1 版　2024 年 12 月第 1 次印刷
ISBN 978 - 7 - 5218 - 6305 - 5　定价：79.00 元
（图书出现印装问题，本社负责调换。电话：010 - 88191545）
（版权所有　侵权必究　打击盗版　举报热线：010 - 88191661
QQ：2242791300　营销中心电话：010 - 88191537
电子邮箱：dbts@ esp. com. cn）

前　言

伴随着经济活动的开展,二氧化碳的持续排放带来的温室效应引发了一系列全球性环境问题。经济全球化促使各国或者地区间的产业合作关系日益密切,逐渐形成整合的全球产业链系统。系统中部门生产活动的改变不再只影响其本身,而是会沿着产业链产生系统性的级联影响。因此,挖掘全球产业链网络的结构特征,并综合考虑部门间的生产关系结构对产业链优化过程的影响,对于通过合理重塑全球产业链结构以实现经济增长和碳减排双重目标具有十分重要的意义。基于此,本书首先构建了基于碳排放流动的全球产业链网络模型,并在此基础上对各部门在网络中的结构角色进行了系统性的量化评估,其次估计了各部门结构角色对其碳排放的影响,最后建立了基于产业链网络结构的产业结构优化模型。具体工作和创新贡献体现在以下三个方面。

(1) 基于网络分析和结构路径分析提出了系统化的产业链网络结构分析指标,实现了对产业链网络的结构特征和部门在网络中扮演的结构角色的量化,弥补了传统网络分析关注拓扑结构而忽略了产业链自身特点的不足。研究结果表明全球产业链网络中各部门在不同维度扮演着差异化的角色,并且存在少数关键部门在全球产业链网络中起着重要作用。这为碳减排目标下的全球产业结构的宏观调控提供了准确的政策目标。

(2) 构建了产业链网络结构变化对碳排放的影响量化模型,量化了部门在全球产业链中的结构角色对其碳排放的影响,弥补了现有文献在部门间经济联系的结构性变化对碳排放影响研究方面的不足。研究结果表明,部门在产业链网络中所扮演的不同结构角色对其碳排放的变化具有差异化的作用,同时不同国家或者地区主要的碳排放影响因素也存在显著的区别。这为碳减排目标下各部门生产活动的优化提供了明确的调整方向。

（3）构建了基于产业链网络结构的产业结构优化模型，实现了部门生产活动在经济增长和碳减排双重目标下优化调整的动态模拟，弥补了现有产业结构优化模型忽略了单个部门生产活动变动通过产业链网络可能产生的级联影响的不足。研究结果表明在全球和区域两个尺度上，改进后的优化模型在目标值、总产出变化幅度和产业链网络结构优化三个方面都具有比传统优化模型更好的优化效果。优化模型所得到的不同情景下各部门总产出的调整方案，为全球碳减排目标下各国或地区生产结构的优化调整和产业合作机制的建立提供了较为详细的参考信息。

目 录
Contents

— 1 —

| 第 1 章 |

绪论

本章主要阐述本研究的选题背景、研究目的与意义,并提出研究的科学问题,阐明本研究的创新点。最后,介绍了本书所采用的理论方法,制定技术路线。

1.1 研究背景、目的和意义

1.1.1 研究背景

目前,煤炭、石油和天然气等化石能源仍然是支撑全球各国经济发展的主要动力。作为化石能源燃烧的主要排放物之一,二氧化碳的排放成为了人类经济发展带给环境的主要压力。根据国际能源署(IEA)统计数据,2000年,全球二氧化碳排放总量约为 36.8 亿吨。到 2023 年,全球二氧化碳排放总量增长到约 374 亿吨,是 2000 年碳排放总量的近 10 倍。过多地燃烧煤炭、石油和天然气产生的以及大量排放的汽车尾气中含有的二氧化碳气体进入大气成为了全球温室效应的主要原因,直接加剧了全球变暖的趋势,从而加速了一系列环境问题的恶化,如两极冰川融化、海平面上升、土地荒漠化、极端天气等。2006 年公布的气候变化经济学报告指出如果保持 2006 年的生活及生产方式,2100 年全球气温将有 50% 的可能会上升 4℃,届时将打破全球的生态平衡,最终导致全球发生大规模的迁移和冲突。

不同于水污染、土地污染、空气污染等常见的环境问题,碳排放所引起的温室效应最终导致的是全球性的环境问题。任何一个国家或者地区在经济活动中产生的碳排放进入大气当中,所导致的不是局部地区的气温上升,而是全球范围内的气候变化。因此,碳减排也不是某一单个国家或者地区需要承担的责任,光凭某一国家或者地区无法独立实现全球碳减排目标。全球化的问题需要全球化的解决措施，碳减排就更加需要树立"人类命运共同体"意识，促进全球范围内各国或者各地区之间的合作和协调。就国际层面而言，以联合国组织为代表的国际组织明确指出了碳排放等温室气体对环境的危害，并出台了一系列政策以促进各国在碳减排方面的合作。早在 1992 年 5 月，联合国大会通过了《联合国气候变化框架公约》，有 150 多个国家以及欧洲经济共同体共同签署，具有法律约束力，终极目标是将大气温室气体浓度维持在一个稳定的水平，在该水平上人类活动对气候系统的危险干扰不会发生。1997 年 12 月，由《联合国气候变化框架公约》参加国在日本京都制定了联合国气候变化框架公约的补充条款，全称《联合国气候变化框架公约的京都议定书》（以下简称《京都协议书》），2005 年 2 月 16 日正式生效。这是人类历史上首次以法规的形式限制温室气体排放。在全球碳减排措施上，《联合国气候变化框架公约》确立了国家间对于碳减排责任"共同而有区别"的原则，明确了发达国家与发展中国家各自的责任和义务。更重要的是，《联合国气候变化框架公约》强调了在碳减排上国际合作的重要性，促进有利的和开放的国际经济体系将促成所有国家的可持续经济增长和发展，从而获得更好地应对气候变化的能力。在此基础上，全球各国或者地区都应积极承担相应的碳减排责任，在其主权范围内采取必要的碳减排措施。就中国而言，自改革开放以来，国家经济的迅速发展使得国家的能源消耗和碳排放都日益增长。到目前为止，中国已经成为全球碳排放最多的国家之一。作为联合国安全理事会常任理事国之一，中国积极参与了《联合国气候变化框架公约》及其各衍生文件的制定与实施，积极承担在全球碳减排目标中的责任，承诺到 2020 年单位国内生产总值二氧化碳排放比 2005 年下降 40% ~ 45%，到 2030 年单位国内生产总值二氧化碳排放比 2005 年下降 60% ~ 65%。近年来，中国政府采取了一系列政策及措施，以减少经济发展过程中的碳排放。无论是"十三五"规划中全国范围内的温室气体排放控制目标的实现，还是局部地区范围内的小规模"煤改气"等措施，都是中国政府为兑现对世界人民所作出的碳减排承诺的努力。

然而，碳排放的增长通常伴随着经济增长而产生（O'Neill, Grubler et al., 2003）。尽管无论是国际层面还是国家层面均为全球碳减排目标采取了一系列的控制措施，碳排放的增长仍然具有不可避免的趋势。联合国环境规划署《2023 年排放差距报告》发现，除非各国采取行动，兑现《巴黎协定》规定的 2030 年承诺，否则世界气温将比工业化前水平上升 2.5 ~ 2.9℃。与当前政策相比，预测 2030 年排放量必须至少减少 28% 和 42%，才能分别实现《巴黎协定》的 2℃ 和 1.5℃ 目标。有学者指出，基于目前的技术条件下，温室效应等气候变化问题的解决尚不能同时兼顾到经济效益（DeCoursey，2013）。因此，目前经济发展和碳减排仍然是两个难以调和的矛盾目标。一方面，各国政府都致力于大力推进工业化与现代化，以带动社会的全面发展；另一方面，经济发展又不可避免地驱动碳排放的增长。无论是牺牲环境以加速发展经济还是减缓经济发展以保护环境都是各国政府不愿意采取的选择。对于中国来说，经济发展兼顾环境效益一直是政府所致力的发展模式。早在2002 年，党的十六大把"可持续发展能力不断增强"作为全面建设小康社会的目标之一。2012 年党的十八大之后，习近平总书记不断强调"金山银山就是绿水青山"，并在党的十九大之后正式将这种绿色发展理念纳入习近平新时代中国特色社会主义思想当中，指出绿色是永续发展的必要条件和人民对美好生活追求的重要体现，绿色发展注重的是解决人与自然和谐共生问题，必须实现经济社会发展和生态环境保护协同共进，为人民群众创造良好生产生活环境①，充分体现了党和国家对于实现经济增长和环境保护双重发展目标的重视。

就目前而言，有效促进经济增长和碳排放增长解耦的主要排途径就是通过技术改进来提高能源使用效率，或者寻找化石能源的替代品以限制化石燃料的燃烧，例如太阳能、生物能等新能源，从而降低各生产部门的碳排放强度。然而，对于各国政府来说，生产技术难以在短期时间内实现本质的突破，需要大量的技术、人才和资金的投入。因此，生产技术的提高是实现碳减排的长期手段，在短期内无法从根本上改变目前的碳排放现状。尤其是对于一些资金和技术有限或者难以获得其他国家技术投入的国家来说，利用技术手段减少碳排放就更具有难度。并且，目前尚未发现能够完全取代化石能源的能源形式。在很长的一段时间内，石油、煤炭等传统能源还将继续支撑人类

---

① 习近平新时代中国特色社会主义思想学习纲要［M］. 北京：学习出版社、人民出版社，2023：140.

经济活动的正常运转。基于此，一些国家或者地区政府开始尝试通过改变现有经济活动形式的方法来降低本国或者本地区碳排放的产生。以中国为例，2015 年以后中国供给侧结构性改革开始取代需求侧结构性改革，成为中国经济发展的新常态，强调"优化产业结构、提高产业质量，优化产品结构、提升产品质量"，建立"创新—协调—绿色—开放—共享"的发展模式。这为解决经济增长和碳减排之间的矛盾提供了一个新的思路，那就是通过合理调整现有的产业结构，充分发挥本国或者地区的技术和资源优势，来避免不必要的碳排放的产生，从而在实现经济增长的同时实现碳减排目标。然而，目前各国或者各地区基本都实行独立的产业结构调整方案，这样的话不可避免地会一致降低某些高碳排产品的生产，转而向国外进口。这样虽然本国或者本地区的碳排放有所减少，但是可能无法降低全球范围内的碳排放，造成一国相对虚假的经济发展与碳排放的解耦。因此，如何在保证各国或者地区经济发展的前提下建立全球化的产业链合作与结构调整机制，对于真正实现全球碳减排目标具有十分重要的意义。

1.1.2　研究目的和意义

本书通过量化全球产业链结构的演化特征，深入分析经济活动对碳排放的影响，从理论模型到实证研究探讨如何调整全球产业结构以同步有效地实现全球经济增长和碳减排双重发展目标，为全球产业链中各部门生产活动的优化调整方案的制定提供系统的政策参考。

本研究的意义可以从理论、现实两方面进行说明。

（1）理论意义。本研究提出了适用于产业链网络的网络结构分析指标，为识别各产业部门在产业链网络中所扮演的角色提供了系统性的量化指标体系；构建了产业部门在产业链网络中的结构角色变化对其碳排放的影响量化模型，为证明全球产业链结构变化对碳排放增长的显著影响提供了理论依据；提出了基于产业链网络结构的全球产业结构优化模型，纳入了产业链结构对部门生产活动及碳排放的影响，突破了传统优化模型只考虑单一技术要素的局限，为实现全球碳减排和经济增长双重发展目标的经济结构优化调整的政策模拟提供了理论模型。

（2）现实意义。本研究所提出的产业链网络结构分析指标能够有效量化部门各产业部门在产业链网络中的重要性，从而识别全球产业链中的关键部门，为全球产业链的优化调整提供准确的政策目标；各产业部门在全球产业链网络中的角色演化对其碳排放增长的影响量化模型可用于评估各产业部门在产业链中的地位变化对其碳排放增长的影响，从而为碳减排目标下全球产业链中各产业部门的生产活动提供准确的调整方向；基于产业链网络的全球产业结构优化模型比以往只考虑单一技术要素影响的优化模型具有更系统的视角，能够为全球经济增长和碳减排目标下各国生产结构的优化调整和国家间的产业间合作机制的建立提供更为系统的调整方案。

1.2　科学问题、研究内容和创新点

1.2.1　科学问题和研究内容

根据前述背景和文献梳理，提出本文的科学问题为：如何基于全球产业链网络视角建立碳约束下的产业结构优化模型。这个科学问题可以进一步拆分成以下三个问题。

（1）产业部门在全球产业链网络中扮演着怎样的角色？

（2）产业部门在全球产业链网络中的角色对碳排放是否具有影响？

（3）如何利用产业链结构因素的影响进行全球产业结构的优化调整？

针对上述科学问题，本书主要研究内容包括以下三点：一是基于碳排放流动的全球产业链网络模型构建及结构分析；二是全球产业链网络结构变化对碳排放增长的影响估算；三是基于产业链网络结构的全球产业结构优化模型构建。具体研究内容有以下三个方面。

（1）基于碳排放流动的全球产业链网络模型构建及结构分析。首先，利用多区域投入产出分析和基于消费的核算方法对于全球产业链中的产业部门间的碳排放流动进行核算，以隐含在部门间经济技术联系中的碳排放流动作为部门间的关系，从而利用复杂网络理论构建全球产业链网络，以刻画综合经济和环境联系的全球产业链结构。其次，利用产业链网络分析指标对全球产业链网络进行分析，以量化各产业部门在全球产业链网络中所扮演的结构角色。

（2）全球产业链网络结构变化对碳排放增长的影响估算。为了量化全球产业链网络结构演化对碳排放增长的影响，基于面板数据模型的思想建立全球产业链网络结构演化特征对碳排放增长的影响量化模型。以各产业部门在全球产业链中所扮演的结构角色为自变量，以各产业部门的直接碳排放为因变量，从而估算产业部门在全球产业链中扮演的各结构角色的演化对碳排放增长起到的差异化影响，为调节生产关系结构以实现碳减排提供准确目标和量化依据。

（3）基于产业链网络结构的全球产业结构优化模型构建。基于现有的研究，在前人提出来的产业结构优化模型的基础上，纳入产业链网络结构因素，综合考虑经济增长和碳减排目标下部门生产活动调整对整体产业链产生系统性的级联影响的可能性，突破现有研究仅考虑部门碳排放强度这一单一因素的局限，以充分发挥部门生产活动调整对优化目标的最大化影响，构建基于产业链网络结构的全球产业结构优化模型，动态模拟产业部门生产规模的优化调整对碳减排和经济增长起到的带动效应，为全球各国的生产活动调整和国家间产业合作机制的建立提供政策参考。

1.2.2　创新点

本文在借鉴前人相关研究的基础上，从方法和研究内容上进行了创新，主要有以下三点。

（1）立足于产业链网络的自身特征提出了系统化的产业链网络结构分析指标。在现有的相关研究中，投入产出分析和生命周期评价关注的重点是碳排放量的核算，无法刻画产业链的整体结构特征。现有的用于产业链网络结构分析的复杂网络分析方法更注重网络的拓扑结构特征，忽视了产业链网络与传统网络分析具有显著的不同点，如产业链网络中普遍存在的自流动性、全连通性、加权有向性及产业链完整性，使得传统的网络分析指标对于分析产业部门在全球复杂产业链网络中的角色地位具有一定的不适用性。因此，针对传统网络分析指标存在的问题，并在前人研究的基础上，系统梳理并提出了新的产业链网络分析指标，以对各产业部门在全球隐含碳排放流动过程中所受到的由直接联系和间接联系带来的影响进行多方位的评估和量化。

（2）构建了全球产业链结构变化对碳排放增长的影响量化模型。在现有的相关研究中，对于碳排放影响因素的分析多关注的是国家或者地区整体经济结构变化对碳排放的影响，忽视了作为生产活动主体的产业部门在碳排放增长过程中的作用，尤其是产业链中上下游部门间的生产联系对于部门生产活动及碳排放带来的影响。基于复杂网络中网络结构决定网络功能的理念，将以往研究尚未涉及的全球产业链网络结构纳入进来，构建了全球产业链网络结构演化特征对碳排放增长的影响量化模型，以产业部门在全球产业链中的结构角色作为自变量，将部门碳排放作为因变量，从而实现量化全球产业链网络结构演化和碳排放增长之间的关系的目的。

（3）构建了基于产业链网络结构的产业结构优化模型。在现有的相关研究中，学者多以碳排放强度作为产业部门生产活动调整的依据来优化产业链中各部门的总产出以实现区域内的经济和环境目标，或者重塑国家间的经济贸易关系以实现全球化的经济和环境目标，忽视了单个部门生产活动变动通过产业链网络可能产生的级联影响。因此，本书借鉴了以往利用多目标优化模型进行投入产出结构调整的研究，在已提出的多目标优化模型的基础上，将全球产业链网络的结构特征纳入进来。结合部门的在全球产业链中的结构角色、产品价值和碳排放强度三方面的信息，来衡量部门在全球经济结构中所起到的作用，以更全面更系统地对各部门的生产活动进行优化，从而更加准确高效地实现碳减排和经济发展双重目标。

1.3　研究方法与技术路线

1.3.1　研究方法

根据所要研究的内容，本文将涉及以下五个研究方法。

（1）文献资料收集法。通过收集相关理论和实证研究文献，为本研究的进行提供完整的支撑。收集整理目前对于碳排放的研究文献，包括环境投入产出分析在碳排放核算、碳排放影响因素方面的研究、复杂网络理论在碳排放流动结构分析中的应用以及多目标线性规划模型在碳减排方面的研究，总结以往研究的不足，为本书的研究提供理论支撑。收集多区域投入产出表在内的相关数据，为本书提供数据基础。

（2）多区域投入产出分析法。本研究中使用的最主要的数据为多区域投入产出表。作为多区域投入产出表的理论基础，多区域投入产出分析也是本研究使用的基础性研究方法。多区域投入产出分析在隐含碳排放核算、基于结构路径分析的部门间接影响力的量化、产业链结构的优化上发挥重要的作用。

（3）复杂网络方法。由于投入产出分析在产业部门间的间接联系和产业链结构分析中的不足，本书将复杂网络方法应用于相关方面的研究。本书基于复杂网络理论建立了全球碳排放流动网络，用以刻画碳排放在全球产业链中的流动轨迹；利用复杂网络分析方法对产业部门在全球碳排放流动网络中的结构角色进行量化，以分析全球产业链中的经济生产活动对部门碳排放的影响。

（4）计量经济回归统计方法。为了量化全球产业链网络结构变化对碳排放的影响，本书基于计量回归模型的思想，将其转变为量化变量间的关系的问题。将产业部门在全球碳排放流动网络中的结构角色作为自变量，将产业部门的碳排放作为因变量，构建面板数据模型，估计部门在网络中的结构角色对其碳排放的影响程度。

（5）多目标线性规划方法。多目标线性规划方法为产业链优化的基础性方法。基于线性规划的思想，学者发展出多目标投入产出模型和世界贸易模型，从不同的角度对生产结构的优化进行了研究。本书在前人研究的基础上，选择多目标投入产出模型作为产业链优化的基础模型，并结合产业链网络结构特征对模型进行了改进，构建了基于网络结构的多目标投入产出模型，对全球各产业部门的生产活动进行了优化，以通过尽可能小的生产活动变动实现既定的碳排放和经济增长双重目标。

1.3.2 技术路线

本书采用的技术路线如图 1-1 所示。首先，在理论、方法的文献资料收集整理分析的基础上提出科学问题——基于全球产业链网络视角构建碳约束下的产业结构优化模型。其次，按照科学问题和研究内容的分解，对全球产业链网络的结构特征进行分析，量化各产业部门在全球产业链网络中的地位和作用；构建全球产业链网络结构对碳排放的影响量化模型，评估产业部门在全球产业链结构中的角色对其碳排放变化的影响；构建基于产业链网络结构的产业结构优化模型，在全球和区域尺度下模拟经济增长和碳减排目标下产业部门生产活动的优化调整。最后，得到相应的结论及政策启示。

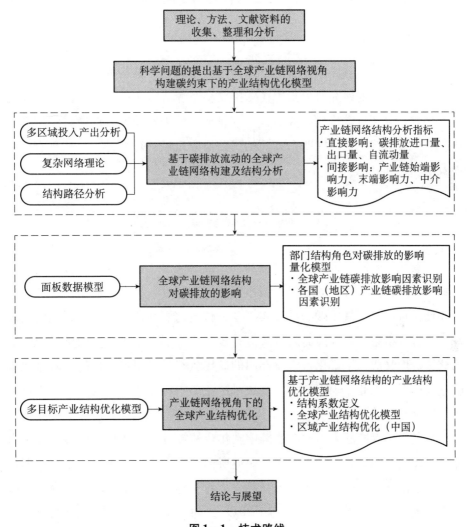

图 1-1　技术路线

| 第 2 章 |

碳约束下的全球产业结构优化研究进展

基于经济增长和碳减排目标下如何进行全球产业结构的优化调整这一研究问题，将本书的研究对象集中在碳排放和经济结构（产业链结构）之间的交互影响，分别从碳排放核算研究、碳排放影响因素研究、产业链结构特征研究、产业结构优化研究四个方面的当前研究进展进行综述，分析现有研究涉及的问题和领域。

2.1　碳排放核算研究进展

二氧化碳不同于生产过程中消耗的产品、能源、资源等，一方面其气体形式使得排放到大气中的二氧化碳难以捕捉和测度，另一方面生产环节的复杂性使得难以对二氧化碳的排放实现全方位的监测和记录。因此，如何实现对生产过程中各产业部门的碳排放进行核算成为了一个难题，而碳排放的准确核算恰恰又成为了量化各产业部门的碳排放责任、制定合理的碳减排政策的重要依据。因此，采用科学的方法对产业链中各环节产生的碳排放进行准确核算是非常重要的。

目前，学者广泛采用的产业链中碳排放核算方法主要包括两种：微观产业链层面的生命周期评价和宏观产业链层面的投入产出分析法。生命周期评价多用于微观产业链中碳排放的核算，如对于建筑在建造、使用、废弃等阶段中的碳排放的核算（郑晓云等，2019），对公共交通工具在生产、维护、调度等环节中的碳排放的核算（丁宁等，2018），以及对于手机等移动通信工具在回收处理过程中的碳排放足迹的分析（宋小龙等，2017）。以上研究表明，生命周期评价对于核算各类产品的生产、消耗、回收整个循环过程中的碳排放具有显著的作用。然而，生命周期评价多依赖于产品各环节的监测统计数据。这些数据获取来源的准确性和实时性对于结果至关重要。这些数据获取的难度限制了生命周期评价的应用范围，使得其在核算宏观经济层面下整体产业链中的碳排放方面中难以发挥作用。基于此，学者们发展出了投入产出分析来刻画宏观层面人类经济活动对碳排放的影响。

投入产出分析诞生于 20 世纪 30 年代，为揭示生产过程中各部门之间相互依存和相互制约的经济技术联系提供了一个很好的量化工具，使得对各个产业部门之间基于一定的技术经济关联所形成的宏观产业链中现金流、信息流、物质流的量化研究成为可能（Wassily Leontief et al.，1953）。许多学者利用投入产出方法对各国的产业链特征进行了深入分析（Wood and Lenzen，2009；Bednarikova，2012；Dodgson，2013；Mattioli and Lamonica，2016）。进一步的，在投入产出模型的基础上，学者将随着经济活动而产生的环境影响纳入其中，将其发展成为了环境投入产出模型（Huang，Anderson et al.，1994；Schroder，1995），并进行了一系列关于产业链中生产活动对于资源与环境的影响研究，如经济活动中的能源消耗、水资源消耗、金属及非金属等材料消耗以及二氧化碳等温室气体的排放（Lenzen，Dey et al.，2004；Suh，Lenzen et al.，2004；Guan，Hubacek，2007；Beylot，Villeneuve，2015；Chen，Chen，2015，Wiedmann，Schandl et al.，2015；Li，Chen et al.，2017）。近年来，用于核算产业链中的隐含碳排放的基于消费的核算方法受到了学者的广泛应用。相较于直接碳排放来说，隐含碳排放包含了产品在生产、运输、消费等各个环节上的信息，能够为各产业部门碳排放的核算提供一个更为系统的视角。许多学者利用隐含碳对各产业部门生产活动对碳排放的影响进行了系统性的评估，旨在找到对碳排放具有潜在显著贡献的经济主体（Wu，Huangd et al.，2015；Wang，Liu et al.，2019）。许多研究关注于利用投入产出分析对国家或者城市内各产业部门的隐含碳排放进行核算（Wei，Fang et al.，2011；Fang，Wei et al.，2012；Mozner，2013）。也有一些学者对于隐含在国家或者地区各部门的进出口贸易中的碳排放进行了核算，以分析对外贸易对于本国碳排放的产生和碳排放的输入输出的影响（王羿等，2017；赵玉焕等，2014；潘安，2017）。进一步的，由于不同国家间日益增长的生产和消费结构的不平衡性，隐含在国际贸易中的隐含碳排放核算也变得越来越有必要（Tian，Liao et al.，2015；Wu，Huang et al.，2015；Yu，Chen，2017；Shrestha，Sun，2019）。因此，学者们将单个地区的投入产出表扩展为多个地区间的投入产出表，成为多区域投入产出表，从而为多区域整合产业链中的碳排放转移提供了一个很好的分析工具（Andrew，Peter et al.，2009；Wiedmann，2009；Daniels，Lenzen et al.，2011）。许多研究利用多区域投入产出表对国家间双边及多边的贸易中隐含碳的碳排放进行了核算，发现了重要的隐含碳排放流动关系（Liu et al.，2015；Deng，Xu，2017；Yu，Chen，2017；Han，Yao et al.，2018，Mi，Meng et al.，2018；Wang，Tang et al.，2019），如中国对"一带一路"沿线典型国家商品和服务贸易中的碳排放（孟凡鑫等，2019）、中国与其他金砖国家贸易过程中的隐含碳排放（乔小勇等，2018）以及世界各国的出口碳排放量（高静等，2016）等。

以上这些研究使得各产业部门之间的经济活动所产生的碳排放得到了有效量化，为研究碳排放的责任归属以及形成原因方面打下了坚实的基础，也为碳减排政策提供了重要的参考信息。

2.2 碳排放影响因素研究进展

近年来，许多学者进一步对碳排放的变化具有显著影响的因素进行了研究，主要应用的方法包括两类：基于投入产出分析的一些衍生分析法如指数分解、结构分解、结构路径分析等和计量经济回归统计方法。

基于投入产出分析方法，利用指数分解方法和结构分解方法挖掘了导致碳排放增长的结构性经济因素（Dong，Ishikawa et al.，2010；Su，Ang，2012；Su，Ang，2014，Kim，Yoo et al.，2015；Wang，Ang，et al.，2017）。许多研究表明由于不同国家或者地区的经济结构的不同，碳排放增长具有差异化的影响因素。例如，对于广东省而言，最终需求规模的扩张是碳排放增长的最主要因素（宋佩珊等，2012），而对于京津冀来说，碳排放的增加主要是受到人口增长、人均消费量增加和消费结构变化的共同作用（闫云凤，2016）。根据所发现的碳排放增长的结构性影响因素，学者提出了相关的政策建议以促进碳减排，如强化技术改造与技术进步、优化能源结构和贸易结构等（王保乾等，2018）。学者们还将结构分解方法与多区域投入产出分析进行结合，以对比不同区域、不同国家之间驱动碳排放增长因素的差异（Meng，Zhang et al.，2018；Wieland，Giljum et al.，2018；Zhou，Zhou et al.，

2018）。有学者发现形成不同国家或者地区间单位产品碳排放含量的差距的主要原因在于生产技术，一些国家相对的生产技术劣势使得其在进出口贸易中对于全球碳排放产生显著的影响（蒋雪梅等，2013；高静等，2016）。也有学者发现国家或者地区能源使用效率的提高及生产技术改进不仅会促进自身的碳减排，并且还会对具有进出口贸易关系的其他国家碳排放的减少产生积极的影响（詹晶等，2014）。为了识别部门之间重要的生产技术联系对碳排放的影响，也有学者利用结构路径分析和结构路径分解分析对隐含碳排放在经济结构中的流动进行了剖析，进而发现了一些不同产业部门间重要的碳排放流动路径（Lenzen，2007；Wood，Lenzen，2009；Li，Su et al.，2018；Tian，Xiong et al.，2018；张琼晶等，2019）。

此外，也有学者利用计量回归统计模型量化评估了一些主要的宏观经济要素对碳排放的影响（Zhu，Peng，2012；Asumadu-Sarkodie，Owusu，2017；Wen，Shao，2019）。一些学者利用面板数据模型对人口年龄结构、城镇化与碳排放之间的关系进行实证分析，发现了人口规模、人均 GDP、二氧化碳排放强度、化石能源占能源消费总量的比重及人口结构与全球碳排放显著相关（王芳等，2012）。还有一些学者利用 GVAR 模型研究了贸易开放、经济增长和中国二氧化碳排放的动态关系，提出扩大国家间贸易开放，尤其是发达国家放开高新技术产品和服务贸易管制对中国等发展中国家碳减排具有显著的促进作用（王美昌等，2015）。也有一些研究对于产业结构对区域碳排放的影响进行了量化，发现产业升级对于中高等发展水平国家的减排效率明显高于极高发展水平国家（原嫄等，2016）。这些研究对于碳排放在宏观经济层面的主要影响因素进行了分析，为针对性的碳减排政策提供了重要参考。

2.3　产业链结构特征研究进展

由于投入产出分析及其衍生方法对于产业链系统结构特征分析上的不足，越来越多的学者开始将其他领域的一些方法引入进来，例如复杂网络分析方法。对于整合的产业链系统结构特征的分析，复杂网络提供了一个很好的解决途径。许多学者利用复杂网络分析方法对人类社会经济活动中的交互行为进行了刻画和研究，如国际贸易网络（何则、杨宇等，2019；贾祥英、闫强等，2019；苗媛媛、闫强等，2019）、科研合作网络（曹志鹏、潘启亮，2017；刘亮、罗天等，2019；谢伟伟、邓宏兵等，2019）以及交通网络（吕文红、王国娟等，2019；宋泽堃、黎浩东等，2019；吴佳益、徐开俊等，2019）。

近年来，复杂网络方法也被广泛应用于产业生态领域，不同学者对领域内的重要课题进行了研究，包括隐含能源流动、虚拟水流动以及隐含碳排放流动（Li，Sun et al.，2017；Tsekeris，2017；Wang，Xiao et al.，2017；Chen，Li et al.，2018；Du，Xu et al.，2018；Gao，Su et al.，2018）。一些研究表明通过对于隐含能源流动网络、隐含碳排放流动网络拓扑结构特征的分析，能够发现各国产业链中的少数核心的关键部门（安琪儿等，2014；赵巧芝等，2017）。对于这些核心行业及关键行业进行合理的调整能够起到以点带面的作用，带动整体产业链的能源节约及碳减排。也有一些研究发现各部门间的隐含碳排放流动或者隐含能源流动所形成的产业链网络具有显著的小世界特征（Du，Q et al.，2018；Sun et al.，2016）。这种各行业间经济联系的紧密性表明全球以及各国家或者地区的产业链日益形成一个整体，而不是相互独立的经济系统。进一步的，基于多区域投入产出分析，学者构建了全球隐含能流动网络，分别对球、区域和国家层面的隐含源流动结构进行了分析，发现全球隐含能源流动具有区域化、多极化的特征（Chen et al.，2018）。这些研究表明复杂网络分析方法能够有效地揭示隐藏在中间生产环节中的资源流动结构特征，而不是像传统的基于生产或者消费的资源核算研究一样关注于产业链的两端。因此，利用复杂网络分析方法对全球产业链系统中的碳排放流动进行分析，能够更为系统地和多维度地量化产业部门在全球产业链系统中所扮演的角色。这些角色包含了产业部门间直接和间接的生产联系，有助于更为准确地评估产业部门在全球碳减排目标中应该承担的责任。

复杂网络理论的引入对于揭示碳排放在全球经济系统中的流动足迹中的潜在的本质特征提供了一个有效的方法。复杂网络理论在复杂系统中的独特能力在全球产业链系统的复杂性研究中也体现出其独特的适应性。

2.4　产业结构优化研究进展

在了解了全球产业链的结构特征之后，如何调整现有的生产活动与部门间的生产联系以促进经济的合理发展成为了许多学者关注的热点。由于投入产出模型本身的不同部分的组成和产生都是来源于一系列的线性关系，包括中间产出、最终消费和总产出。因此，在现有的产业结构优化研究中，许多学者一般选择将其转化为线性规划问题，通过一系列目标函数和约束条件，按照既定的优化目标对当前的产业结构进行动态的模拟调整。因此，许多学者基于线性规划方程的思想，提出了投入产出优化模型，以实现对当前产业结构的优化调整（de Carvalho，Antunes et al.，2015；He，Ng et al.，2015；Ten Raa，Shestalova，2015）。

由于目前日益存在的环境问题，例如二氧化碳的大量排放所引发的温室效应，目前全球经济发展的大趋势是可持续发展与绿色经济发展模式。对于大多数国家来说，国民经济总值（GDP）的快速增长已经不是唯一的发展目标，其在经济发展的过程中对于环境的保护更为重要。要实现经济的可持续发展，就必须兼顾经济增长、环境保护、社会发展等多个目标的实现。因此，在原有的投入产出优化模型的基础上，一些学者提出了基于多目标线性规划算法的产业结构优化模型（Gonzaez，Gosalbez et al.，2014；Luptacik，Mahlberg，2016；Pascual-Gonzalez，Jimenez-Esteller et al.，2016；Yao，Gong et al.，2017；Li，Lei et al.，2018）。利用多目标产业结构优化模型，许多学者基于各国或者各地区的投入产出表数据对其产业结构进行了优化模拟，旨在寻找经济增长和节能减排目标下的最优产业结构，并在此基础上提出差异化的产业结构调整政策，维持各国或者地区内经济与环境的可持续发展（焦翠红等，2015；张捷等，2015）。也有学者进一步突破静态多目标产业结构优化模型的限制，利用宏观经济历史数据及多年度投入产出表，构建动态经济—环境系统以预测某一阶段内长期的经济增长、结构优化、能源消费和碳排放的整体优化方案（胡雅蓓等，2018）。多目标产业结构优化模型的提出，为保持经济增长的同时兼顾环境问题的解决提供了更为合理的产业结构优化方案。由于经济全球化的发展，不同国家间贸易关系逐渐加深，碳排放等环境问题日益成为全球化的问题。无论是碳减排还是资源节约，这些全球化目标的实现不能只局限于国家内部，需要国际间的密切合作。基于此，一些学者在原有多目标线性规划方法的基础上，进一步提出了世界贸易模型，旨在通过重新分配贸易关系，从而避免各国之间由于技术差异所造成的资源浪费，从而实现全球范围内的经济增长和节能减排目标（Stromman，Hertwich et al.，2009；Duchin，Levine，2016；Duchin，Levine et al.，2016；Yao，Gong et al.，2017）。上述研究为动态调整产业结构以实现相应的经济效益和环境效益提供了重要的研究基础。

2.5 研究评述

目前，对于碳排放和产业链之间的交互影响的研究存在以下不足。

（1）对于产业链中重要的碳排放国家及部门的识别缺乏系统性的产业链整体视角。这些研究多关注的是部门或者国家之间直接的经济联系所带来对碳排放的影响，对于不同产业部门间在产业链上的间接联系尚未进行深入的研究，在刻画全球产业链系统的整体结构特征上尚有一定的不足。随着全球化的发展，各国各部门之间的经济合作日益加强。不同的产业部门间不仅有直接的联系，而且由于不可或缺的生产环节的存在，其间接联系也成为了全球产业链系统中重要的组成部分。因此，为了实现全球化的碳减排目标，全球经济应当被视作一个整合的产业链系统。每一个国家或者地区以及每一个产业部门都在其中扮演重要的角色，并且相互作用。

（2）对于碳排放影响因素的研究忽略了不同经济个体之间的联系。现有的碳排放因素分析方法多将国家或者部门视为一个独立的经济个体，如国家层面的人口、消费水平、贸易结构对碳排放增长的影响，部门层面的生产技术水平、生产规模、能源消耗对碳排放增长的影响。随着生产分工日益明显，所有国家或者生产部门都不能作为一个独立的个体而存在，不同国家间通过贸易关系相互关联，不同生产部门间通过生产合作关系相互连接，从而构成了全球产业链体系。不同国家、不同部门在全球产业链中起着不同的作用，并且相互影响。在生产环节中，产业部门本身的生产活动不仅取决于自身的发展目标，还受到上游的原材料供应和下游的产品需求影响。因此，这种产业部门间的经济技术联系也会对部门的生产活动产生影响，从而影响碳排放。

（3）对产业链网络结构特征的分析缺乏更加符合产业链特点的系统性分析指标。复杂网络理论来源于物理领域，尽管许多学者提出了各种网络分析指标，使其能够被用于分析各种社会问题，然而，现有的网络研究所关注的生物网络、社会关系网络、经济网络等与基于投入产出表的产业链网络具有一定的差别。由于产业链上各生产环节的不可或缺性，一些弱的生产技术联系同样有其存在的必要性，这使得产业链网络多为全连通网络。因此，目前存在的许多网络特征分析指标并不适用于产业链网络，如基于最短路径的中介中心性、接近中心性等。近年来，一些学者针对产业链网络的特性，提出了基于中介性的识别产业链中重要部门的方法，有效地结合了投入产出分析和复杂网络理论，突破了目前产业链网络复杂性特征研究的局限（Liang，Qu et al.，2016；Wang，Du et al.，2019）。然而，对于产业链网络结构的其他特征的分析尚未涉及。因此，建立起系统性的针对产业链网络特征分析的指标体系，具有一定的必要性。

（4）现有产业结构优化模型尚未考虑产业链结构对部门生产活动及碳排放的影响。在现有的研究中，各产业部门生产、消费、贸易规模的调整的主要依据往往是能源效率、碳排放强度等因素，其表征的是单个部门在短期内的技术水平。各个产业部门往往被视为是单独的经济个体，而非一个整合的经济整体。由于全球化的发展和产业链的日趋完善，产业部门日渐成为相互依托、相互影响的经济主体，而不是独立于其他部门的经济个体。各产业部门乃至各国的经济活动不再只受限于其内部的经济生产规划。对于大多数产业部门来说，无论是来自上游的原材料供应还是下游的消费需求都将对本部门的生产产生直接或者间接的影响。因此，实现对于经济结构的优化调整，十分有必要考虑到不同产业部门间的形成对产业链结构特征的影响。

| 第 3 章 |
全球产业链网络构建及结构分析

为分析产业链的网络结构特征，量化部门在生产及贸易活动中产生的碳排放和对其他部门碳排放的影响，本章结合多区域投入产出模型和复杂网络理论构建了基于碳排放流动的产业链网络模型，并基于网络分析和结构路径分析提出了适用于产业链网络的分析指标。

3.1 系统边界与系统主体

目前，对于产业链概念存在很多的定义。在宏观层面，产业链可以被定义为生产活动中各生产部门之间的联系，具体指的是生产过程中从原材料一直到终端产品制造的各生产部门的完整链条；在微观层面，产业链可以从宏观层面继续向下延伸，扩展为不同产业的企业之间的关联。同时，产业链更包含了价值、空间、供需等多方面的信息。这其中，生产部门间的产品流动关系是形成产业链的基础。如果各部门间不存在产品流动，那么部门间的生产联系、价值流动、供需往来也就不复存在。基于此，为了明确本书的研究对象和研究范围，将各产业部门及产业部门间由于特定的技术经济联系形成的产品流动路径所组成的链条式关联关系形态定义为产业链，将某一经济体中多条产业链相互交织形成的整合式产业链系统定义为产业链网络。

为了刻画碳排放在经济活动中的流动足迹的结构特征，量化各经济主体的生产活动对碳排放的影响，立足于产业链视角，将产业链中的产品流动核算为碳排放流动，建立基于碳排放流动的产业链网络，以为后续分析提供模型基础。在现有的研究中，对于生产活动所形成的宏观产业链的分析，较多学者利用全球多区域投入产出模型进行研究。与更为微观的产业链数据相比，多区域投入产出表能够更为全面系统地反映了各国各产业部门之间的投入产出关系，揭示生产过程中各部门之间本质的相互依存和相互制约的经济技术联系。多区域投入产出表同时包含了各国各产业部门生产、消费、投入、产出等各方面的经济活动信息,不同国家、不同部门之间的生产技术联系形成了完整的原材料、产品、资金、资源流动的产业链。因此,本书所设定的系统边界就是多区域投入产出表所表征的产业链,系统中的主体是多区域投入产出表包含的国家及各国产业部门。

3.2 基于碳排放流动的产业链网络模型构建

3.2.1 多区域投入产出模型

投入产出表在20世纪30代产生于美国,由美国经济学家、哈佛大学教授瓦西里·里昂惕夫(W. Leontief)在前人关于经济活动相互依存性的研究基础上首先提出并研究和编制的。里昂惕夫从1931年开始研究投入产出技术,编制投入产出表,目的是研究美国的经济结构。因此,投入产出表的初始目的是研究单个国家内部不同产业部门之间的生产技术联系。然而,在经济全球化的背景下,单个国家或者地区不再最为独立的经济体而存在,各国或者各地区之间的国际贸易活动频繁发生。因此,不同国家以及国家内的各产业部门都通过贸易关系产生关联。为了将不同国家或者地区所有的生产合作行为纳入到投入产出模型中,学者们将本地的生产技术系数矩阵与多地区间的贸易矩阵相结合,从而提出了多区域投入产出模型,从而为地区间部门间在生产过程中的内在交互行为提供了一个有效的量化工具。

王岳平等(2007)根据前人的研究可知,在单一地区的投入产出表中,总存在平衡关系可以表示为:

$$AX + Y = X \qquad (3-1)$$

其中,A 为直接消耗系数矩阵,X 为各部门总产出列向量,Y 为各部门最终产品列向量。

陈斌等(2018)指出,将单一地区投入产出表扩展到多区域投入产出表中,其平衡关系可以表示为:

$$\sum_s \sum_j a_{ij}^{rs} X_j^s + \sum_s f_i^{rs} = X_i^r \qquad (3-2)$$

其中，a_{ij}^{rs} 为直接消耗系数，表示国家 s 的部门 j 生产 1 单位的产品所需要的来自国家 r 的部门 i 的投入。X_i^r 表示国家 r 的部门 i 的总产出。f_i^{rs} 表示国家 s 消耗的来自国家 r 的部门 i 的最终产品。X_j^s 表示国家 s 的部门 j 的总投入。式（3-2）表示每个部门的总产出主要包括两个部分，一部分是用于生产活动中的中间产品，即 $\sum_s \sum_j a_{ij}^{rs} X_i^r$；另一部分是用于最终消耗的产品，即 $\sum_s f_i^{rs}$。

其中，直接消耗系数 a_{ij}^{rs} 可表示为：

$$a_{ij}^{rs} = \frac{x_{ij}^{rs}}{X_i^r} \tag{3-3}$$

其中，x_{ij}^{rs} 表示国家 r 的部门 i 投入到国家 s 的部门 j 中的中间产品。

3.2.2 隐含在产业链中的碳排放核算

目前，常用的投入产出表基本都属于价值型投入产出表，不同部门之间的联系表现为产品价值的流动，因此投入产出表量化的产业链也被称为价值链。由于不同部门在经济活动中的碳排放总量和碳排放强度存在差异，因此，价值型投入产出表无法刻画不同部门之间因为经济联系所发生的碳排放的流动，也无法量化部门经济活动对碳排放的影响。基于此，需要对隐含在部门间的产品流动中的碳排放进行核算。张增凯（2011）指出，隐含在一个国家一个部门的总产出中的总碳排放包含了在生产过程中直接产生的碳排放和隐含在生产过程中的从其他国家其他部门购买的中间产品中的碳排放，其关系可表示为：

$$c_j^s + \sum_r \sum_i e_i^r x_{ij}^{rs} = e_j^s X_j^s \tag{3-4}$$

其中，c_j^s 表示国家 s 的部门 j 在所有生产活动中的直接碳排放。x_{ij}^{rs} 表示国家 r 的部门 i 对国家 s 的部门 j 的中间投入。X_j^s 表示国家 r 的部门 i 的总产出。$e_j^s(e_i^r)$ 是国家 s 的部门 j（国家 r 的部门 i）的隐含碳排放系数。当 $s=r$ 且 $j=i$ 时，$e_j^s = e_i^r$。因此，$e_i^r x_{ij}^{rs}$ 表示隐含在国家 s 的部门 j 的总产出所需要的国家 r 的部门 i 的中间投入中的碳排放。$e_j^s X_j^s$ 表示隐含在国家 s 的部门 j 的总产出中的所有碳排放的总和。

对于产业链整体来说，式（3-4）可以改写为矩阵形式：

$$c + eZ = e\hat{X} \tag{3-5}$$

其中，c 表示包含各部门直接碳排放的行向量。Z 表示包含各部门间中间产品往来的中间矩阵。$\hat{X}$ 表示由包含各部门总产出的 X 组成的对角矩阵。e 表示各部门隐含碳排放系数组成的行向量。由于中间矩阵 $Z = A\hat{X}$，A 为直接消耗系数矩阵。因此，式（3-5）可改写为：

$$c + e(A\hat{X}) = e\hat{X} \tag{3-6}$$

将式（3-6）左右项变换位置后进一步整理，即可得到隐含碳排放系数向量：

$$e = c\hat{X}^{-1}(I - A)^{-1} \tag{3-7}$$

在投入产出模型中，对于每一个国家每一个部门来说，隐含在总产出中的碳排放分成两个部分：隐含在中间产出中的碳排放和隐含在最终消费产品中的碳排放。其中，隐含在中间产出中的碳排放表示的是所有生产过程中的碳排放，隐含在最终消费产品中的碳排放表示的是国家间贸易过程中的碳排放。本书的主要研究目的是全球产业链网络结构对于碳排放的影响，因此重点关注于生产活动中不同经济主体之间的联系中隐含的碳排放的流动情况，即隐含在中间矩阵中的碳排放流动：

$$E = \hat{e}Z \tag{3-8}$$

其中，$\hat{e}$ 为包含各部门隐含碳排放系数的对角矩阵，Z 表示包含各部门间中间产品往来的中间矩阵。

3.2.3　网络模型构建

通过隐含碳排放核算之后，得到了不同国家不同部门之间伴随着经济活动产生的碳排放的流动情况。这种碳排放的流动情况展现了不同经济主体之间的经济往来跟碳排放之间的交互行为。因此，通过对隐含碳排放流动结构的剖析，可以了解经济生产活动对碳排放的影响。基于此，构建了基于碳排放流动的全球产业链网络模型，以各国或者地区的各产业部门作为节点，以部门间的生产联系为边，以隐含在经济联系中的碳排放流动量作为边的权重，得到了有向加权网络。

基于碳排放流动的全球产业链网络由节点和边组成：

$$N = (V, E) \tag{3-9}$$

其中，N 表示基于碳排放流动的全球产业链网络。V 表示节点集合，即产业部门。E 表示边集合，即隐含碳排放流动关系。

3.3　产业链网络结构特征分析

3.3.1　产业链网络与传统网络分析的对比

与传统网络研究中普遍分析的网络相比，产业链网络具有四个不同点。

（1）产业链网络是有向加权网络。目前较为成熟的复杂网络理论研究多是基于无权无向网络模型，如社会关系网络。这就使得在进行网络结构分析时，常用的复杂网络指标多是基于无向无权网络模型提出来的，如度中心性、中介中心性、接近中心性、集聚中心性等。因此，在对产业链网络进行分析时，需要注意网络中边的方向和权重的影响。

（2）产业链网络结构接近于完全连通网络，且连边之间的权重差异大。在传统的网络研究中，网络一般具有不完全连通的特点，即网络中有一定比例的节点不存在相互连接的关系。一些网络分析指标在不完全连通网络中具有比较强的适应性，而不适用于完全连通网络，尤其是涉及最短路径的网络指标。

（3）产业链网络存在普遍的自流动现象。复杂网络理论关注的重点在于网络节点之间的交互作用。因此，传统网络研究中基本不存在自流动现象。然而，在投入产出模型中，普遍存在产业部门对自身的生产活动进行投入。因此，在对产业链网络的拓扑结构进行分析时，需要考虑部门的自流动现象。

（4）产业链网络的生产关系与传统网络中的关系的不同。在社会网络分析中，注重的是信息和资源的流动效率。因此，很多指标都是基于节点间的最短路径提出的，如中介中心性、接近中心性等。然而，在基于投入产出模型的产业链网络中，碳排放会在部门间的产业链上进行流动，这种流动过程的重要性不在于流动效率，而在于直接影响和间接影响的累积。产业链上游、中游、下游可能会对同一个部门产生综合的影响。通常情况下，产业链越长，碳排放累积的影响就会越大。

因此，基于上述四个不同点，传统网络分析中的一些常用网络指标可能并不适用于全球产业链网络结构的分析，需要根据产业链网络的特点建立新的网络分析指标。

以一个基本的包含 2 个国家 2 个部门的产业链网络为例，各部门在网络中都扮演着不同的结构角色，如图 3 - 1 所示。

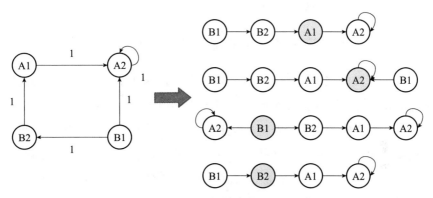

图 3 - 1　基于产品流动的产业链网络

通过图 3 - 1 可知，首先，在产业链网络中，一个部门对其他部门既存在直接影响，又存在间接影响。例如，部门 A1 直接从部门 B2 进口产品，并将本部门产品出口到部门 A2。因此，作为需求方，部门 A1 的生产活动中对于原材料的需求直接驱动了部门 B2 的产品生产；作为供给方，部门 A1 的生产活动的正常进行可以直接保障部门 A2 的产品生产获得必需的原材料投入。又由于部门 B2 的生产活动依赖于部门 B1 的产品供应，因此，部门 A1 的产品生产通过部门 B2 对于部门 B1 具有间接的驱动作用。其次，每个部门在产业链网络中所起到的影响力具有不同的侧重点。例如，部门 A2 的生产活动需要同时从部门 A1、部门 B1 及其自身获得产品投入，作为需求方对部门 A1、部门 B1 及其自身的产品生产同时存在直接驱动力，这说明部门 A2 的生产活动具有更广泛的原材料需求；部门 B1 的产品同时出口到部门 A2 和部门 B2，因此部门 B1 作为供给方直接保证部门 A2 和部门 B2 的生产得以顺利进行；部门 A1 和部门 B2 处于所在产业链的中间位置，起着重要的桥梁作用；作为产业链的起始部门，部门 B1 对于产业链下游部门生产活动的间接保障作用强于其他部门；作为产业链的终端部门，部门 A2 对于产业链上游部门生产活动的间接驱动影响强于其他部门。基于以上分析，本书将分别从直接影响和间接影响两个方面来对部门在产业链网络中的结构角色进行定义，根据碳排放在部门中的流动情况选择碳排放自流动量、碳排放出口量和碳排放进口量刻画部门对于其他部门的直接影响力，根据部门在整体产业链中所处的位置选择产业链中介影响力、产业链始端影响力和产业链末端影响力刻画部门对于其他部门的间接影响力。

3.3.2 基于结构路径分析的部门结构角色定义

在投入产出模型中，各个部门之间的生产技术联系形成了不同的完整的产业链，由生产端的碳排放所形成的对环境的压力通过这些产业链一级一级进行传递，最终经过整条产业链传递到消费端。孙晓奇等（2016）指出，由于部门间在生产过程中的经济技术联系所带来的碳排放流动可以被量化为：

$$e_z = d(I - A)^{-1} Z \tag{3-10}$$

其中，e_z 表示隐含在生产过程中的碳排放。d 表示各部门每单位总产出所产生的碳排放，即直接碳排放强度。$L = (I - A)^{-1}$ 表示里昂惕夫逆矩阵。Z 表示的是中间流动矩阵，即生产过程。

曼弗雷德·伦岑（2007）指出，里昂惕夫逆矩阵通过泰勒展开可以写成：

$$L = (I - A)^{-1} = I + A + A^2 + A^3 + \cdots + A^n + \cdots \tag{3-11}$$

由表 3-1 可知，里昂惕夫逆矩阵可以分解为单位最终使用矩阵、直接消耗系数矩阵和间接消耗系数矩阵。因此，里昂惕夫逆矩阵中的值表示的是得到每一单位最终使用的产品所需要消耗的本部门一单位产品及其他所有部门提供的中间产品之和。

表 3-1 **里昂惕夫逆矩阵的经济解释及分解**

L	=	I	+	A	+	A^2	+	A^3	+	$\cdots$
里昂惕夫逆矩阵	=	单位最终使用矩阵	+	直接消耗系数矩阵	+	一次间接消耗系数矩阵	+	二次间接消耗系数矩阵	+	$\cdots$
						间接消耗系数矩阵				
				完全消耗系数矩阵						
		完全需求系数矩阵								

资料来源：Liang S., Qu S., Xu M. Betweenness-Based Method to Identify Critical Transmission Sectors for Supply Chain Environmental Pressure Mitigation [J]. Environ Sci Technol, 2016 (50)：1330-1337.

在以往的研究中，学者们通常是将隐含在产品流动过程中的碳排放流动作为一个整体来研究。然而，产业部门间的直接碳排放流动和间接碳排放流动对于生产活动及碳排放责任分配可能具有不同的影响。例如，在生产活动中，一个部门对另一个部门具有非常小的直接产品需求，如农业和采矿业，但是在整个产业链上，通过其他生产部门，农业可能会对采矿业产生比较大的产品需求，因为农业的发展需要农业机械、化肥等生产资料的投入，而机械和化肥都离不开来自采矿业的原材料的投入。因此，这种间接的生产联系对于生产活动同样具有重要的影响力。如果将直接流动和间接流动放在一起作为部门或者部门间关系的重要性的话，将会由于直接流动和间接流动的巨大差异而对结果产生十分显著的影响。

因此，本书认为生产过程中所产生的碳排放计算公式可以改写为：

$$e_z = d(I - A)^{-1}Z = d(I + A + A^2 + A^3 + \cdots)Z$$
$$= dIZ + dAZ + d(A^2 + A^3 + \cdots + A^n + \cdots)Z \qquad (3-12)$$

其中，dIZ 为各部门生产活动中产生的直接碳排放，dAZ 为隐含在各部门生产过程中直接消耗的其他部门所有中间产品中的碳排放，$d(A^2 + A^3 + \cdots + A^n + \cdots)Z$ 为隐含在各部门生产过程中间接消耗的其他所有部门中间产品中的碳排放。

3.3.2.1　部门直接影响力

在产业链中，大多数部门都不可能独立存在，与其他部门间都存在直接的生产关系，即单向或者双向的产品往来。在这种相互的交易过程中，隐含在产品中的碳排放就在不同部门间流动。因此，大多数部门都会存在接收其他部门的碳排放或者向其他部门或者自身输送碳排放的现象。因此，选择碳排放自流动量、碳排放出口量和碳排放进口量来分别衡量部门在碳排放流动网络中对自身、对其他部门的直接影响以及受到的来自其他部门的直接影响。

（1）碳排放自流动量。在经济活动中，为了自身的生产活动，每个部门都不可避免地会将本部门生产的产品、产出的效益再次投入到本部门的生产活动中。伴随着这种自我投入的过程，隐含在本部门产品中的碳排放再次回到本部门的生产活动中，这种现象被定义为自流动现象，这部分碳排放流动量被定义为部门的碳排放自流动量。碳排放自流动量表示部门对其自身生产的依赖性。一个部门的碳排放自流动量越高，说明部门对其自身产品投入越多，并且倾向于高碳排放的产品，其生产活动对部门本身更具有依赖性。这种对自身的依赖性对本部门的生产规模能够起到促进作用，进而影响直接碳排放。由此本研究得到的部门碳排放自流动量可表示为：

$$SF_i = d_i \, a_{ii} \, z_{ii} \qquad (3-13)$$

其中，d_i 为部门 i 的直接碳排放系数。a_{ii} 表示部门 i 的生产对自身的直接消耗系数，即部门 i 生产一单位的产品需要其自身提供的中间产品的数量。z_{ii} 表示部门 i 向自身投入的中间产品。

（2）碳排放出口量。在经济活动中，大多数部门生产的中间产品都会被其他部门所购买，以支持其他部门正常的生产活动。在这个过程中，隐含在各部门生产的中间产品中的碳排放就会流动到其他部门，这种现象被定义为部门的碳排放出口现象，一个部门出口到其他各部门的这部分碳排放流动量总和被定义为部门的碳排放出口量。碳排放出口量表示其他部门对本部门产品的依赖性。一个部门的碳排放出口量越高，说明其他部门对本部门产品需求量越大，并且倾向于高碳排放的产品，其他部门的生产活动对本部门具有更强的依赖性。这种来自于其他部门的生产需求对本部门的生产规模能够起到促进作用，进而影响直接碳排放。由此本研究得到的部门碳排放出口量可表示为：

$$EX_i = \sum_{j \neq i}^{n} d_i \, a_{ij} \, z_{ij} \qquad (3-14)$$

其中，n 表示产业链中所有部门的数量。d_i 为部门 i 的直接碳排放系数。a_{ij} 表示部门 j 的生产对部门 i 的直接消耗系数，即部门 j 生产一单位的产品需要部门 i 提供的中间产品的数量。z_{ij} 表示部门 i 向部门 j 投入的中间产品数量。

（3）碳排放进口量。在经济活动中，大多数部门都会购买其他部门生产的中间产品以支持本部门正常的生产活动。在这个过程中，隐含在其他部门生产的产品中的碳排放就流动到了本部门，这种现象被定义为部门的碳排放进口现象，一个部门进口的其他所有部门的这部分碳排放流动量的总和被定义为部门的碳排放进口量。碳排放进口量表示本部门对其他部门产品的依赖性。一个部门的碳排放进口量越高，说明本部门购买的其他部门的产品越多，并且倾向于高碳排放的产品，本部门对其他部门产品的依赖性就越强。对于其他部门来说，本部门较大的生产需求可能会对其他部门的生产活动起到促进作用，从而增加其他部门的直接碳排放。对于本部门来说，一方面，部门进口其他部门高碳排放越多，可能会导致本部门需要生产的高碳排放的产品减少，从而对本部门直接碳排放起到抑制作用；另一方面，这种高碳排放产品的进口行为也可能说明本部门从事的也是高碳排放的生产环节，这种大量的进口使得本部门获得更多的生产资料，有利于生产规模的扩大，从而促进本部门的直接碳排放。由此本研究得到的部门碳排放进口量可表示为：

$$IM_i = \sum_{j \neq i}^{n} d_j \, a_{ji} \, z_{ji} \qquad (3-15)$$

其中，n 表示产业链中所有部门的数量。d_j 为部门 j 的直接碳排放系数。a_{ji} 表示部门 i 的生产对部门 j 的直接消耗系数，即部门 i 生产一单位的产品需要部门 j 提供的中间产品的数量。z_{ji} 表示部门 j 向部门 i 投入的中间产品数量。

3.3.2.2　部门间接影响力

（1）产业链中介影响力。在经济生产活动中，任意一条产业链上的各个部门都是必不可少的环节。其中，处于产业链中间地位的部门起着连接上下游部门的关键桥梁作用。任何一个中间部门的缺失，都会造成产业链的断裂，使得后续生产活动难以进行。这些中间部门虽然可能对 GDP 增长或者碳排放增长的贡献远不如其他部门，但是这些部门的存在与否关系到整条产业链是否能够完整运行。因此，这些部门承担着维护其所在的整条产业链的生产活动的责任。为了衡量各部门在全球产业链中所起到的关键桥梁作用，将部门所在全部产业链上的碳排放总和定义为部门的中介影响力。一个部门的中介影响力越强，说明经过本部门的产业链上承载的隐含碳排放量越多，本部门在多条产业链上起着沟通上下游部门生产活动的作用，同时受上游部门原材料供应和下游部门生产需求的双重影响，这可能会对本部门生产活动起着促进作用，从而影响直接碳排放。部门在产业链中的中介影响力计算过程如下：

令 $\varepsilon(s, t \mid k_1, k_2, \cdots, k_r)$ 表示一条始于部门 s、终于部门 t、中间经过 r 个部门的产业链上的隐含碳排放强度。r 由生产层数所决定。这条生产链路径上的隐含碳排放强度可以表示为：

$$\varepsilon(s, t \mid k_1, k_2, \cdots, k_r) = d_s \, a_{sk_1} \, a_{k_1 k_2} \cdots a_{k_r t} \qquad (3-16)$$

其中，d_s 表示的是部门 s 的直接碳排放强度，a_{sk_1}，$a_{k_1 k_2}$，$\cdots$，$a_{k_r t}$ 是直接消耗系数矩阵 A 中的技术系数。对于部门 t 来说，生产 1 单位的产品对部门 k_r 的消耗量为 $a_{k_r t}$。对于部门 k_r 来说，生产 1 单位的产品对部门 k_{r-1} 的消耗量为 $a_{k_{r-1} k_r}$，以此类推。最终，对于部门 k_1 来说，生产 1 单位的产品对部门 s 的消耗量为 a_{sk_1}。由于部门 s 每单位产品产生的碳排放为 d_s。因此部门 k_1 每单位产品的生产需求会驱使部门 s 产生 $d_s a_{sk_1}$ 的碳排放，以此类推。最终由部门 t 每单位产品的生产需求引起的以部门 s 为起点的整条生产链上的碳排放为 $d_s a_{sk_1} a_{k_1k_2} \cdots a_{k,t}$。

因此，在整个生产过程中，始于部门 s、终于部门 t、中间经过 r 个部门的产业链上的隐含碳排放总量应为：

$$w(s,t \mid k_1, k_2, \cdots, k_r) = d_s \, a_{sk_1} \, a_{k_1k_2} \cdots a_{k,t} \, w_t \tag{3-17}$$

其中，w_t 表示部门 t 的中间产出总量。假设部门 i 为部门 s 和部门 t 所形成的产业链中的一个中间部门，按照上述对于部门的中介影响力的定义，则部门 i 在部门 s 和部门 t 所形成的产业链上的中介影响力则为：

$$B_i(s,t) = d_s \, a_{sk_1} \, a_{k_1k_2} \cdots a_{k_{l_1}i} a_{ij_1} \cdots a_{jl_2-2jl_2-1} \, a_{jl_2t} w_t \tag{3-18}$$

其中，l_1 表示从部门 s 出发到部门 i 要经过的部门的数量，l_2 表示从部门 i 出发到部门 t 要经过的部门的数量。

扩展到部门 i 所在的所有产业链，则为：

$$B_i = \sum_{l_1=1}^{\infty} \sum_{l_2=1}^{\infty} \sum_{s=1}^{n} \sum_{t=1}^{n} d_s \, a_{sk_1} \, a_{k_1k_2} \cdots a_{k_{l_1}i} a_{ij_1} \cdots a_{jl_2-2jl_2-1} \, a_{jl_2t} w_t \tag{3-19}$$

其中，n 为全球产业链中所有部门数量。

进一步地，公式可以进一步整理：

$$
\begin{aligned}
B_i &= \sum_{l_1=1}^{\infty} \sum_{l_2=1}^{\infty} \sum_{s=1}^{n} \sum_{t=1}^{n} d_s \, a_{sk_1} \, a_{k_1k_2} \cdots a_{k_{l_1}i} a_{ij_1} \cdots a_{jl_2-2jl_2-1} \, a_{jl_2t} w_t \\
&= \sum_{l_1=1}^{\infty} \sum_{l_2=1}^{\infty} \left(\sum_{s=1}^{n} d_s \, a_{sk_1} \, a_{k_1k_2} \cdots a_{k_{l_1}i} \sum_{t=1}^{n} a_{ij_1} \cdots a_{jl_2-2jl_2-1} \, a_{jl_2t} w_t \right) \\
&= \sum_{l_1=1}^{\infty} \sum_{l_2=1}^{\infty} (d A^{l_1})_i \, (A^{l_2} W)_i \\
&= \sum_{l_1=1}^{\infty} \sum_{l_2=1}^{\infty} (dA^{l_1} J_i A^{l_2} W) \tag{3-20}
\end{aligned}
$$

其中，J_i 是一个单元格 (i, i) 为 1、其他值都为 0 的矩阵，W 表示所有部门的中间产出总量组成的向量。

上述可知，里昂惕夫逆矩阵的泰勒展开为：

$$L = (I - A)^{-1} = I + A + A^2 + A^3 + \cdots \tag{3-21}$$

令 $T = LA = AL = A + A^2 + A^3 + \cdots$，部门 i 的中介影响力可以表示为：

$$B_i = \sum_{l_1=1}^{\infty} \sum_{l_2=1}^{\infty} (dA^{l_1} J_i A^{l_2} W) = \sum_{l_1=1}^{\infty} \left(dA^{l_1} J_i \sum_{l_2=1}^{\infty} (A^{l_2} W) \right)$$

$$= \left(\sum_{l_1=1}^{\infty} (dA^{l_1}) \right) J_i \sum_{l_2=1}^{\infty} (A^{l_2}W) = d \left(\sum_{l_1=1}^{\infty} A^{l_1} \right) J_i \left(\sum_{l_2=1}^{\infty} (A^{l_2}) \right) W$$

$$= dT J_i TW \qquad (3-22)$$

（2）产业链始端影响力。在经济生产活动中，大多数部门的生产活动都依赖于上一级部门原材料和生产资料的供应。因此，对于一条完整的产业链来说，其存在的最根本的基础在于起始端部门的对于后续部门生产活动的支持。产业链初始端的部门的缺失将会导致整条产业链的崩溃。为了衡量各部门作为产业链起始端对于维护后续整条产业链的正常运行的影响，将以各部门作为起始部门的所有产业链上的碳排放总和定义为部门在全球产业链上的始端影响力，其计算过程如下。

假设存在一条产业链从部门 i 出发、到达部门 t，则部门 i 作为起始部门在这条产业链上所产生的始端影响力为：

$$CO_i(i,t) = d_i \, a_{ik_1} \, a_{k_1 k_2} \cdots a_{k_t} \, w_t \qquad (3-23)$$

扩展到以部门 i 为起始部门的所有产业链，则为：

$$CO_i = \sum_{r=1}^{\infty} \sum_{t=1}^{n} d_i \, a_{ik_1} \, a_{k_1 k_2} \cdots a_{k_t} \, w_t \qquad (3-24)$$

其中，n 为全球产业链中的部门总数。

式（3-24）可以进一步整理为：

$$CO_i = \sum_{r=1}^{\infty} \sum_{t=1}^{n} d_i \, a_{ik_1} \, a_{k_1 k_2} \cdots a_{k_t} \, w_t = \sum_{r=1}^{\infty} d_i \left(\sum_{t=1}^{n} a_{ik_1} \, a_{k_1 k_2} \cdots a_{k_t} \, w_t \right)$$

$$= \sum_{r=1}^{\infty} d_i (A^{r+1}W)_i = \sum_{r=1}^{\infty} d J_i A^{r+1} W \qquad (3-25)$$

同理，令 $T = LA = AL = A + A^2 + A^3 + \cdots$，部门 i 的始端影响力可以表示为：

$$CO_i = \sum_{r=1}^{\infty} d J_i A^{r+1} W = d J_i \left(\sum_{r=1}^{\infty} A^{r+1} \right) W = d J_i (T - A) W \qquad (3-26)$$

（3）产业链末端影响力。在经济生产活动中，大多数部门的生产活动都需要其他部门所生产的产品的投入。因此，大多数部门对于其他部门产品的使用和消费都驱动了其他部门的生产活动。在一条完整的产业链中，如果产业链末端的部门停止了生产活动给，也就意味着其对上一级部门产品的需求量减少，进而导致上一级部门生产活动减弱。以此类推，产业链末端的生产活动变化将会沿着产业链逆流而上，产生级联影响，导致整条产业链上的生产活动发生系统性变化。为了衡量各部门作为产业链末端、其生产需求对产业链生产产生的系统性影响，将以各部门作为产业链末端的所有产业链上的碳排放总和定义为部门在全球产业链上的末端影响力，其计算过程如下。

假设存在一条产业链从部门 s 出发、到达部门 i，则部门 i 作为终止部门在这条产业链上所产生的末端影响力为：

$$CI_i(s,i) = d_s\, a_{sk_1}\, a_{k_1k_2} \cdots a_{k,i}\, w_i \tag{3-27}$$

扩展到以部门 i 为终止部门的所有产业链，则为：

$$CI_i = \sum_{r=1}^{\infty} \sum_{s=1}^{n} d_s\, a_{sk_1}\, a_{k_1k_2} \cdots a_{k,i}\, w_i \tag{3-28}$$

其中，n 为全球产业链中的部门总数。

式（3-28）可以进一步整理为：

$$CI_i = \sum_{r=1}^{\infty} \sum_{s=1}^{n} d_s\, a_{sk_1}\, a_{k_1k_2} \cdots a_{k,i}\, w_i = \sum_{r=1}^{\infty} \left(\sum_{s=1}^{n} d_s\, a_{sk_1}\, a_{k_1k_2} \cdots a_{k,i} \right) w_i$$

$$= \sum_{r=1}^{\infty} (d\, A^{r+1})_i\, w_i = \sum_{r=1}^{\infty} d\, A^{r+1}(J_i W) \tag{3-29}$$

同理，令 $T = LA = AL = A + A^2 + A^3 + \cdots$，部门 i 的末端影响力可以表示为：

$$CI_i = \sum_{r=1}^{\infty} d\, A^{r+1}(J_i W) = d\left(\sum_{r=1}^{\infty} A^{r+1} \right)(J_i Z) = d(T - A)(J_i W) \tag{3-30}$$

3.4　全球产业链网络结构特征分析

3.4.1　数据来源

现有的全球多区域投入产出表主要包括 WIOD、Eora、OECD、GTAP 和 EXIOBASE 五个数据库。针对不同的研究问题，学者们利用这些数据库中的投入产出数据进行了各方面的研究。这些研究表明，不同数据库具有不同的优势和劣势。例如，WIOD 的数据涵盖范围小，侧重欧洲国家，2013 年发布的 WIOD 拥有相应的环境账户数据，但是时间跨度较短，最新数据截至 2011 年。2016 年发布的 WIOD 时间跨度较长，最新数据截至 2016 年，然而缺乏相应的环境账户数据。虽然 Eora 数据涵盖范围广（189 个国家），但是 Eora

的 full 版缺乏结构化数据，使用难度大；Eora 的 26 部门版本部门划分比较粗糙，且在构建过程中存在行列不平衡的缺陷。综合数据的涵盖范围、易用性、实时性等多方面因素的考量，本研究选择 EXIOBASE 数据库作为研究数据。EXIOBASE 数据库涵盖了全球 44 个主要国家及额外的 5 个地区的投入产出数据，基本涉及了全球主要的经济活动参与主体（见附表 1）。原始数据集包含了全球各个国家或者地区所生产的 200 种产品之间的贸易生产活动。从部门划分精度上来说，EXIOBASE 数据库超过了现有其他的所有数据库。在本研究中，由于原始数据集中涉及的产品或者部门过多（9800），计算复杂度比较大。因此，为了减小计算难度，本书将原始数据集中的 200 种产品整合到 26 个主要产业部门中，涵盖了农业、采掘业、制造业、能源以及服务业等主要行业的经济联系，对于研究全球产业链的复杂系统结构特征具有代表性的价值（见附表 3）。

由于采用的是价值型投入产出表，部门间所有的经济联系及国家间的贸易联系是用货币单位来衡量的。由于通货膨胀的影响，同种产品价格各年存在波动，这就使得不同年份间产品价值和产品数量的不对等。然而，所要核算的碳排放的量的大小通常取决于产品数量而不是产品价值。因此，要对比不同年份间全球产业链中碳排放的流动情况，就需要排除掉价格的影响。以往研究表明，平减物价指数可以实现这一目标。因此，选择 EXIOBASE 中以 2005 年价格作为基准价格的各产品的平减物价指数将各年度产品的当前价格都换算成以 2005 年价格为基准的恒定价格，从而实现不同年份下等价产品数量的对比。

3.4.2　部门不同结构角色之间的关系

从部门的各结构角色的定义可知，部门不同的结构角色之间具有一定的区别，不同结构角色可以多维度反映部门在全球产业链中的地位和作用。由图 3 - 2 可知，部门的碳排放出口量和作为产业链始端具有的影响力、碳排放进口量和作为产业链末端具有的影响力，以及碳排放的自流动量和作为产业链的中间部门具有的中介影响力之间同时具有相同点和不同点。碳排放流动网络中的一些显著重要的部门在不同的评价维度下都具有重要的地位。例如，在图 3 - 2（a）中，CN15（中国的"石油、化工及非金属矿产加工业"）、CN16（中国的"金属及金属制品加工业"）和 CN20（中国的"电、煤气和水供应业")这三个部门同时具有比较大的碳排放出口量和比较强的产业链始端影响力。这说明中国的石油、化工及非金属矿产加工业、金属及金属制品加工业和电、煤气和水供应业这三个部门不仅对其他部门具有十分显著的直接的碳排放出口量，并且作为起始部门，对其所在产业链的后续部门具有十分重要的间接影响力。同样的，图3-2（b）中的CN15（中国的"石油、化工及非金属矿产加工业"）、CN17（中国的"电气和机械制造业"）、CN16（中国的"金属及金属制品加工业"）和CN21（中国的"建筑业"）这四个部门同时具有比较大的碳排放进口量和比较强的产业链末端影响力，说明中国的"石油、化工及非金属矿产加工业""电气和机械制造业""金属及金属制品加工业""建筑业"四个部门对其他部门的产品具有十分重要的直接需求，并且对其所在产业链的上游部门具有十分显著的间接需求。图3-2（c）中的CN15（中国的"石油、化工及非金属矿产加工业"）、CN16（中国的"金属及金属制品加工业"）、CN17（中国的"电气和机械制造业"）和CN20（中国的"电、煤气和水供应业"）这四个部门同时具有比较大的碳排放自流动量和比较强的产业链中介影响力，这说明中国的"石油、化工及非金属矿产加工业""金属及金属制品加工业""电气和机械制造业""电、煤气和水供应业"这四个部门不仅对自己的产品具有比较大的需求，而且在全球产业链中作为中间部门同时受到上下游部门的显著影响。

当针对性地排除这些显著重要的部门之后，发现还有一些部门的不同结构角色之间存在比较明显的区别。例如，在图3-2（d）中，有一些部门具有比较大的碳排放出口量，但是其始端影响力相对较小。这说明这些部门虽然对其直接下游部门的影响特别显著，但是作为产业链的起始部门对产业链上的后续部门所具有的间接影响力十分有限。在图3-2（e）中，有一些部门具有特别大的末端影响力，但是其碳排放的进口量相对较小。这说明这些部门虽然对其直接上游部门的产品具有比较小的需求，然后通过其所在的产业链，对其他部门的产品的间接需求累积效应特别显著。在图3-2（f）中，有一些部门在产业链中的中介影响力比较高，但是其对自身产品的需求量较小。这说明这些部门虽然在生产用于自身经济活动的产品的过程中产生了比较少的碳排放，但是由于其在产业链中不可或缺的桥梁地位，对其整体产业链上的碳排放的增长起着十分重要的作用。

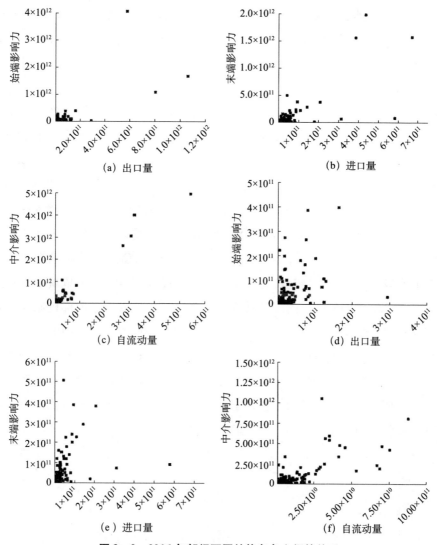

图 3 - 2　2016 年部门不同结构角色之间的关系

注：（a）、（b）和（c）为所有部门不同结构角色之间的对比；（d）、（e）和（f）为去除显著重要的部门后的不同结构角色之间的对比。

资料来源：作者根据 EXIOBASE 投入产出表计算所得。

3.4.3　总体网络结构特征

由图 3 - 3 可知，从全球产业链网络的整体结构上来说，在产业链直接流动量、产业链间接流动量两个角度上都呈现相似的变化趋势，并且全球产业链网络中的碳排放流动趋势与全球经济活动的变化密切相关。1995～1999年，由于这一时期内全球经济的稳定发展，全球产业链网络中的直接和间接的碳排放流动量变化比较平缓，全球产业链中各部门间的关系也比较稳定。1999～2008年，由于这一时期内全球生产活动规模的迅速扩大，尤其是中国、巴西、印度、俄罗斯等新兴经济体的迅速崛起，全球经济发展迅速，带动了全球产业链网络中的直接和间接的碳排放流动量的急剧上升，国家间和部门间贸易关系的密切发展也促进了碳排放在不同部门间的流动规模的增长。2008～2009年，由于经济危机的影响，全球各国各部门生产活动极剧萎缩，部门间的碳排放来往在这一年里迅速下降。2009～2011年，全球经济逐渐从经济危机中恢复过来，各部门生产活动又呈现扩大的趋势，同时带动了碳排放的流动。2011～2016年，由于局部地区局势的动荡产生的影响，如利比亚、叙利亚等，并且全球经济尤其是欧洲地区尚未完全从经济危机中恢复过来，整体经济发展放缓，国际贸易规模下降，另外一些国家内部机制改革降低了生产过程中碳排放的产生，如中国经济的结构性改革和美国的页岩气革命等，使得全球产业链网络中的碳排放流动趋于平稳并有下行趋势。全球产业链中的碳排放流动变化与全球经济形势之间的密切关系佐证了经济活动是全球碳排放增长的主要动力，实现全球碳减排的目标离不开全球范围内的生产活动调整，包括生产结构、生产形式、贸易关系等。

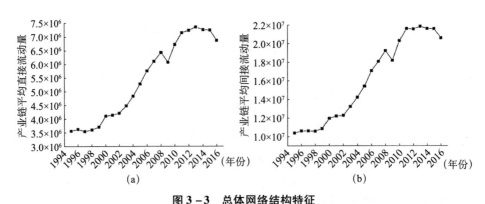

图 3 - 3　总体网络结构特征

资料来源：作者根据 EXIOBASE 投入产出表计算所得。

由图 3 - 4 可知，部门在全球产业链网络中的结构角色的累积分布呈现明显的"二八"现象，即 20% 的部门占据了超过 80% 的碳排放自流动量、出口

量、进口量以及产业链始端影响力、中介影响力、末端影响力。这说明全球
产业链网络中存在少数显著重要的部门起着重要的作用。而且，从图 3-4 也
可以看出，随着时间的推进，这种累积效应越来越明显，这一方面说明网络
中的直接或者间接的碳排放流动量越来越大，另一方面也说明这些少数重要
部门的重要性也越来越强，网络中各部门角色的差异性越来越大。由于这些
少数的重要部门在全球产业链中占据了至关重要的地位，因此，在制定相应
的碳减排政策时，需要重点关注这些重要部门，起到"以点带面"的效果。

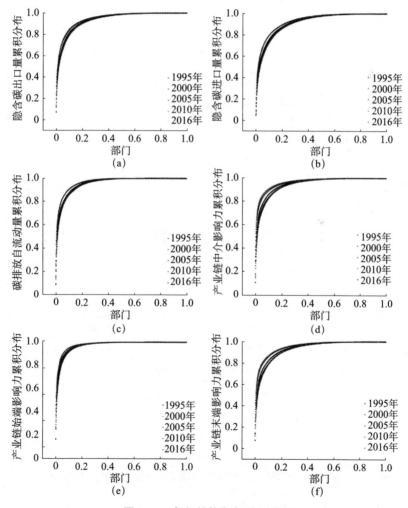

图 3-4　部门结构角色累积分布

资料来源：作者根据 EXIOBASE 投入产出表计算所得。

3.4.4　重点部门结构角色演化分析

在本书中，全球产业链中共有 1 274 个部门。因此，难以对所有部门进行分析。由于全球产业链中存在少数显著重要的部门，因此选择 2016 年排名前 10 的部门进行重点分析（见表 3 - 2），本书部门分类及代码见附表 2，并观察其 1995 ~ 2016 年的演化过程。

表 3 - 2　　　　　　　　　　　　　　　2016 年各结构角色重点部门

部门	自流动量	部门	进口量	部门	出口量
CN15	5.412×10^{11}	CN17	6.649×10^{11}	CN15	1.065×10^{12}
CN16	3.198×10^{11}	CN21	5.779×10^{11}	CN16	8.067×10^{11}
CN20	3.076×10^{11}	CN15	4.341×10^{11}	CN20	5.818×10^{11}
CN17	2.756×10^{11}	CN16	3.845×10^{11}	CN17	2.931×10^{11}
CN12	8.741×10^{10}	CN26	3.130×10^{11}	CN11	1.632×10^{11}
IN15	7.500×10^{10}	CN18	2.101×10^{11}	US15	1.294×10^{11}
CN18	6.986×10^{10}	US26	1.817×10^{11}	US25	1.251×10^{11}
US25	6.839×10^{10}	CN25	1.448×10^{11}	IN15	1.244×10^{11}
US15	6.655×10^{10}	CN19	1.108×10^{11}	IN16	1.196×10^{11}
IN01	5.260×10^{10}	CN12	9.577×10^{10}	CN23	1.029×10^{11}
部门	中介影响力	部门	始端影响力	部门	末端影响力
CN15	4.955×10^{12}	CN20	4.094×10^{12}	CN15	1.986×10^{12}
CN16	4.002×10^{12}	CN15	1.695×10^{12}	CN17	1.574×10^{12}
CN20	3.056×10^{12}	CN16	1.100×10^{12}	CN16	1.560×10^{12}
CN17	2.608×10^{12}	CN11	3.994×10^{11}	CN20	5.069×10^{11}
CN11	1.054×10^{12}	IN20	3.882×10^{11}	CN12	3.856×10^{11}
CN12	8.107×10^{11}	KR20	2.751×10^{11}	CN18	3.800×10^{11}
CN19	5.957×10^{11}	WM20	2.668×10^{11}	CN25	2.900×10^{11}
CN25	5.660×10^{11}	US20	2.230×10^{11}	CN11	2.412×10^{11}
CN14	5.457×10^{11}	RU11	1.994×10^{11}	CN19	2.280×10^{11}
KR16	4.805×10^{11}	CN23	1.903×10^{11}	CN14	2.261×10^{11}

注：各部门编码为国家代码和部门代码的组合，国家代码见附表 1，部门代码见附表 2，如 CN15 表示中国的"石油、化工及非金属矿产加工业"。

资料来源：作者根据 EXIOBASE 投入产出表计算所得。

图 3 - 5（a）和图 3 - 5（b）显示，各部门的碳排放出口量和碳排放进

口量都有明显的上升趋势。其中，碳排放出口量最大并且增长最快的部门包括 CN15（中国的"石油、化工及非金属矿产加工业"）、CN16（中国的"金属及金属制品加工业"）、CN20（中国的"电、煤气和水供应业"）等。这说明 1995～2016 年中国的"石油、化工及非金属矿产加工业""金属及金属制品加工业""电、煤气和水供应业"等部门的产品需求量大，而且产品中隐含的碳排放较高。这是因为能源加工及供应和经济发展以及人民生活息息相关，社会和经济发展对其需求量大，而且这些重工业部门的生产过程中能源消耗量大，尤其对于中国来说其主要的燃料多为煤炭，因此其碳排放含量比较高，且显著高于其他国家，如 US15（美国的"石油、化工及非金属矿产加工业"）。碳排放进口量最大并且增长最快的部门包括 CN17（中国的"电气和机械制造业"）、CN21（中国的"建筑业"）、CN15（中国的"石油、化工及非金属矿产加工业"）等。这说明 1995～2016 年中国的"电气和机械制造业""建筑业、石油、化工及非金属矿产加工业"等部门对其他部门产品的需求量大，且多为高碳排放的产品。这是因为机械制造、建筑、能源及非金属加工等经济活动依赖于大量原材料的供应，例如能源、钢材、非金属矿产品等，这些原材料在其生产过程中都需要大量能源投入生产环节，例如钢铁冶炼加工，因此这些原材料中就隐含了大量的二氧化碳。当上述部门进口这些原材料进行本部门的生产活动时，同时就进口了大量的碳排放。同时，这些结果还表明中国的重点重工业部门在 1995～2016 年发展迅速，在中国的经济发展中占据很大的比重，同时这些部门的快速发展也会全球碳排放的增长增加了一定程度的压力。相对而言，在碳排放出口排名前 10 的部门中，US25（美国的"金融中介与商业"）也占据重要地位，这说明美国的"金融中介与商业"向其他部门输出的产品和资本比较显著。通常来说"金融中介与商业"的碳排放强度要显著低于重工业部门，这也进一步表明美国的"金融中介与商业"产品输出的显著性。这说明中美两国目前的经济发展模式具有较大的区别，中国的经济发展依赖于工业，美国的经济发展依赖于商业和金融业。

图 3-5（c）显示，各部门的碳排放自流动量呈现明显上升的趋势，说明各部门对自身生产活动的投入也在逐年扩大。其中，碳排放自流动量最大且增长最快的部门包括 CN15（中国的"石油、化工及非金属矿产加工业"）、

CN16（中国的"金属及金属制品加工业"）、CN20（中国的"电、煤气和水供应业"）、CN17（中国的"电气和机械制造业"）等。这说明1995～2016年，中国的能源及非金属加工、金属加工、能源供应、机械制造等行业对其自身的投入占据其产品输出很大的比例，且多为高碳排放的产品。这是因为这些部门在生产过程中需要大量的原材料及资本。无论是原材料还是资本，最佳的获取来源就是本部门的投入。而且，这些重工业部门由于对能源的需求量较大，其本身生产的产品或者销售产品所获取的资本隐含的碳排放比较高，因此导致在向自身投入大量产品和资本的时候，也向自身投入了大量的碳排放。对于中国、美国、印度三国来说，其发展的共同点在于，三国的"石油、化工及非金属矿产加工业"都依赖于自身产品或者资本的投入，说明相较于其他国家来说，这三国对于石油及非金属加工比较重视，且独立性较强。跟中国相比，美国的"金融中介与商业"（US25）获得了自身比较大的投入，充分说明美国的商业金融业地位的重要性。对于印度来说，其"种植业"（IN01）对自身投入比较大，说明印度的种植业依赖于自身的发展而缺乏其他部门的支持，如化工、机械制造等，从侧面表明印度的种植业现代化、机械化程度较弱，生产技术较为落后。

图3－5（d）显示，各部门在产业链上的中介影响力呈现明显上升的趋势。其中，中介影响力最强且增长最快的部门CN15（中国的"石油、化工及非金属矿产加工业"）、CN16（中国的"金属及金属制品加工业"）、CN20（中国的"电、煤气和水供应业"）、CN17（中国的"电气和机械制造业"）等。这说明1995～2016年中国的能源加工与供应、金属及非金属加工、机械制造等行业在全球产业链中起着重要的桥梁作用。一方面，这些部门需要直接或者间接进口大量的原材料及产品以支持本部门的发展；另一方面，这些部门又直接或者间接出口大量的产品到其他部门。这表明一方面上游部门充足的原材料及产品供应给这些部门的生产提供了源源不断的动力；另一方面下游部门直接或者间接的生产需求也为这些部门的产品提供了充足的市场。而且由于这些部门特殊的生产活动，其存在对于整条产业链上隐含的碳排放量的增长具有十分重要的意义。比较特殊的是，中介影响力排名前十的部门当中的KR16（韩国的"金属及金属制品加工业"）本身并没有比较显著的隐含碳的进口量或者出口量。然而，它在基于全球视角的产业链中又扮演着重

要的连接作用。这说明一些本身不具有显著的碳排放的部门在全球产业链中仍然具有重要的影响。通常情况下，这与部门所在国家的地理位置、政策倾向等相关。

图 3-5（e）和图 3-5（f）显示，各部门在全球产业链中具有的始端影响力和末端影响力都具有明显上升趋势。其中，产业链始端影响力较强且上升较快的部门包括 CN20（中国的"电、煤气和水供应业"）、CN15（中国的"石油、化工及非金属矿产加工业"）、CN16（中国的"金属及金属制品加工业"）等。这说明中国的能源供应、能源加工、金属及非金属加工行业的产品在产业链中的需求范围比较广泛，很多产业链上的部门对于这些部门的产品都具有间接的需求。同时，由于这些部门本身产品的特殊性，使其发端的产业链整体上的碳排放都比较高，因此这些部门生产技术、产品结构的改进对于整体产业链上碳排放的减少具有十分重要的意义。产业链末端影响力较强且上升较快的部门包括 CN15（中国的"石油、化工及非金属矿产加工业"）、CN17（中国的"电气和机械制造业"）、CN16（中国的"金属及金属制品加工业"）等。这说明能源加工及供应、金属及非金属加工、机械制造行业的生产活动往往需要广泛的原材料来源，对于许多产业链上各部门的产品具有广泛的需求，而且其需要的产品投入通常为高碳排放的产品。因此，这些部门生产需求量和需求产品结构的变化对于其上游产业链上碳排放的减少具有十分重要的意义。值得关注的是，CN25（中国的"金融中介业和商业"）在全产业链中的末端影响力也很显著。这是因为金融中介业和商业通常处于产业链的最下游，来自上游直接或者间接的隐含碳累积的影响会相对比较显著。

3.4.5　各国（地区）重点部门

为了对比国家间产业发展重点的不同，选择各国或者各地区在 6 个维度的结构角色中排名第一的部门进行分析，如表 3-3 所示。结果显示，各国或地区中碳排放自流动量比较高的部门包括部门 15（石油、化工及非金属矿产加工业）、部门 23（运输业）和部门 25（金融中介业与商业）。这说明在全球范围内，相对于其他部门来说，"石油、化工及非金属矿产加工业""运输业""金融中介业与商业"都倾向于对自身的生产活动进行投入。其中，"石

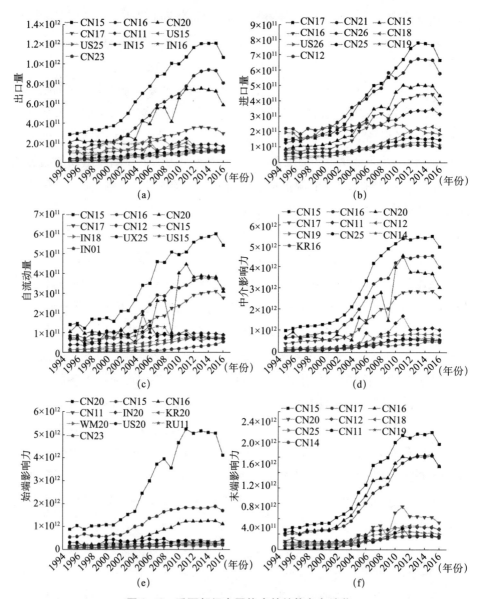

图3-5 重要部门在网络中的结构角色演化

注：各部门编码为国家代码和部门代码的组合，国家代码见附表1，部门代码见附表2，如CN15表示中国的"石油、化工及非金属矿产加工业"。

资料来源：作者根据EXIOBASE投入产出表计算所得。

油、化工及非金属矿产加工业"碳排放自流动量较高的国家或地区主要为中国、印度、巴西等中等收入国家。"运输业"碳排放自流动量较高的国家或地区主要为欧洲地区的高收入国家，如英国、德国、丹麦等。"金融中介业与商业"碳排放流动量较高的主要为欧美高收入国家，如美国、法国、荷兰等。这说明在生产过程中中等收入国家倾向于优先支持原材料及初级产品加工业一类产业链上游部门的发展，而高收入国家则倾向于优先支持服务业一类产业链下游部门的发展。

表 3 - 3　　　　　　2016 年各国或地区各结构角色重点部门

国家或地区	自流动量	出口量	进口量	中介影响力	始端影响力	末端影响力
奥地利	20	20	26	20	20	20
比利时	25	15	26	15	15	25
保加利亚	16	15	21	15	20	16
塞浦路斯	23	23	22	23	23	22
捷克	25	15	17	16	20	17
德国	23	15	18	23	23	17
丹麦	23	23	26	23	23	23
爱沙尼亚	23	14	21	23	20	23
西班牙	23	15	26	23	20	15
芬兰	15	15	26	15	23	15
法国	25	15	26	16	23	15
希腊	15	15	26	15	23	15
克罗地亚	23	23	26	23	23	23
匈牙利	25	15	17	17	20	17
爱尔兰	25	25	25	25	23	25
意大利	15	15	26	15	23	16
立陶宛	15	15	15	15	15	15
卢森堡	25	25	25	25	23	25
拉脱维亚	21	23	21	23	23	21
马耳他	20	20	26	25	20	25
荷兰	25	15	15	15	20	25
波兰	15	15	21	15	20	15
葡萄牙	20	15	26	15	15	15
罗马尼亚	25	15	21	15	20	15
瑞典	23	15	25	23	23	25

国家或地区	自流动量	出口量	进口量	中介影响力	始端影响力	末端影响力
斯洛文尼亚	21	16	15	16	20	16
斯洛伐克	15	15	17	16	20	17
英国	23	15	26	23	23	25
美国	25	15	26	15	20	15
日本	16	15	26	16	20	16
中国	15	15	17	15	20	15
加拿大	26	15	26	15	11	26
韩国	15	15	17	16	20	16
巴西	15	15	18	15	15	15
印度	15	15	21	15	20	15
墨西哥	15	15	17	15	11	17
俄罗斯	16	15	26	15	11	16
澳大利亚	21	16	26	16	11	25
瑞士	25	15	17	25	23	25
土耳其	20	15	26	15	15	12
中国台湾	15	15	17	15	20	15
挪威	23	23	26	16	23	16
印度尼西亚	17	16	21	15	15	15
南非	15	15	26	15	20	15
其他亚洲地区	25	15	15	15	11	15
其他美洲地区	15	15	26	15	15	15
其他欧洲地区	15	15	26	15	20	15
其他非洲地区	23	15	21	11	15	23
其他中东地区	20	20	26	11	20	25

注：数字表示部门代码（见附表2）。

资料来源：作者根据 EXIOBASE 投入产出表计算所得。

各国或地区中碳排放出口量较高的部门主要是部门15（石油、化工及非金属矿产加工业）。这说明在全球范围内"石油、化工及非金属矿产加工业"的产品或者服务有着广泛的市场需求。

各国或地区中碳排放进口量较高的部门包括部门17（电气和机械制造业）、部门21（建筑业）和部门26（公共管理、教育、健康、娱乐及其他服务业）。这说明在全球范围内"电气和机械制造业""建筑业""公共管理、教育、健康、娱乐及其他服务业"对于其他部门的产品或服务具有广泛的需求，在生产活动中占据了大多数的资源。其中，"电气和机械制造业"碳排放进口较为显著的国家或地区主要为中国、韩国、瑞士等。这说明对于重要的中等收入国家及部分高收入国家来说高端机械制造业的发展拉动了碳排放的增长。"建筑业"碳排放进口量较多的国家或地区主要为印度、印度尼西亚及部分欧洲国家。这说明对于中等收入国家和低收入国家来说碳排放增长主要是由建筑业的发展所造成的。"公共管理、教育、健康、娱乐及其他服务业"碳排放进口量较高的国家或者地区主要为美国、日本、俄罗斯、英国等欧美亚高收入国家。这说明大多数高收入国家的服务行业是拉动碳排放增长的主要动力。

各国或地区中产业链中介性较高的部门包括部门 15（石油、化工及非金属矿产加工业）、部门 16（金属及金属制品加工业）和部门 23（运输业）。这说明在全球产业链中这三个部门扮演着广泛的桥梁作用。其中，"石油、化工及非金属矿产加工业"的产业链中介性较为显著的国家或地区为中国、美国、俄罗斯及多数欧洲国家。"金属及金属制品加工业"的产业链中介性较为显著的国家或地区主要为日本、法国、澳大利亚、韩国等。"运输业"的产业链中介性较高的国家或地区主要为德国、英国、丹麦等欧洲国家。这说明一些重要的经济体的原材料及初级产品加工业、高收入国家的金属加工业以及欧洲国家的运输业在许多重要的关键产业链中都扮演着显著的桥梁作用。

各国或地区中产业链始端影响力较高的部门包括部门 11（采掘业）、部门 15（石油、化工及非金属矿产加工业）、部门 20（电、煤气和水供应业）和部门 23（运输业）。这说明全球范围内这四个部门普遍为一些关键产业链的初始部门，为产业链下游部门的生产活动提供原材料产品。其中，"采掘业"的产业链始端影响力较高的国家或地区主要为澳大利亚、俄罗斯、墨西哥等国。"石油、化工及非金属矿产加工业"的产业链始端影响力较高的国家或地区主要为巴西、印度尼西亚及部分欧洲国家。"电、煤气和水供应业"的产业链始端影响力较高的国家或地区主要为中国、日本、美国及多数欧洲国家。"运输业"的产业链始端影响力较高的国家或地区主要为英国、德国、法国等欧洲国家。这说明资源密集型国家的采掘业、中等收入国家的原材料及初级产品加工业、重要经济体的能源部门以及欧洲国家的运输业都作为许多关键产业链的上游部门，保障产业链下游其他部门正常的生产活动的进行。

各国或地区中产业链末端影响力较高的部门包括部门15（石油、化工及非金属矿产加工业）、部门16（金属及金属制品加工业）、部门17（电气和机械制造业）和部门25（金融中介业与商业）。这说明全球范围内这四个部门普遍作为关键产业链的末端对上游部门的产品具有广泛的需求。其中，"石油、化工及非金属矿产加工业"的产业链末端影响力较高的国家或地区主要为中国、美国、印度及部分欧洲国家。"金属及金属制品加工业"的产业链末端影响力较高的国家或地区主要为日本、韩国、俄罗斯及部分欧洲国家。"电气和机械制造业"的产业链末端影响力较高的国家或地区主要为墨西哥、德国、匈牙利等。"金融中介业与商业"的产业链末端影响力较高的国家或地区主要为英国、法国、瑞典等欧洲国家。这说明重要经济体的原材料及初级产品加工业、具有一定技术优势的国家的金属加工业和机械制造业和欧洲高收入国家的金融行业是许多关键产业链的下游部门，对于产品的消费需求带动了上游其他部门生产活动的发展。

3.5　本章小结

首先，本章对于本研究的系统边界和主体进行了明确定义。本研究所设定的系统边界就是多区域投入产出表所表征的产业链，系统中的主体是多区域投入产出表包含的国家及各国产业部门。

其次，本章利用多区域投入产出分析方法和网络分析方法构建了基于碳排放流动的产业链网络。以部门作为网络中的节点，以部门间的碳排放流动作为网络的边，边的方向表示部门间碳排放的流动方向，边的权重为部门间隐含碳排放流动总量，得到了有向加权网络，从而为后续研究提供模型基础。

再次，通过对比产业链网络与传统网络的不同点，总结了产业链网络本身的结构特征，确定了部门在产业链网络中可能扮演的结构角色，并利用网络分析方法和结构路径分析方法建立了6个维度的产业链网络结构分析指标，分别为碳排放自流动量、碳排放出口量、碳排放进口量、产业链中介影响力、产业链始端影响力、产业链末端影响力，从直接影响和间接影响两个视角量化部门在产业链的不同位置所发挥的作用。

最后，基于 EXIOBASE 数据库中的全球投入产出表及相应的碳排放数据对全球产业链网络的结构特征进行了实证分析。全球产业链网络的总体结构特征表明全球产业链中的碳排放流动与经济活动密切相关。部门在全球产业链网络中的结构角色的累积分布呈现明显的"二八"现象，表明少数部门在全球产业链中起着重要的作用，是制定相应的碳减排政策时需要关注的重要部门。对一些重点部门的结构角色的分析结果表明，不同部门在全球产业链中具有差异化的作用，如中国的"建筑业"是典型的碳排放进口型部门，而美国的"金融中介业和商业"是典型的碳排放出口型部门。这表明在制定全球产业链碳减排政策时，需要根据各部门的结构角色进行差异化的调整措施。同时，不同国家或者地区在 6 个维度都具有差异化的重点部门。总体来说，原材料及初级产品加工业在中等收入国家及低收入国家中占据重要的地位，如"石油、化工及非金属矿产加工业""采掘业"等，而高端设备制造业和服务业在高收入国家及部分重要的新兴经济体中具有重要的作用，如"电气和机械制造业""运输业""金融中介业与商业"等。

|第4章|
全球产业链网络结构对碳排放的影响

基于第 3 章中所识别的部门在全球产业链网络中的结构角色，本章构建了全球产业链网络结构对碳排放的影响量化模型，对不同部门角色和部门碳排放之间的关系进行了参数估计。

4.1 产业链网络结构变化对碳排放的影响量化模型

在网络研究中，学者普遍的观点认为网络结构决定网络功能。然而，在以往的研究中，学者多根据网络的结构特征定性地判断网络结构和节点在网络中的角色可能会对网络的外在表现产生的影响。这种分析往往无法判断到底具有何种影响，且缺乏数据的支持。如果利用模拟仿真方法人为调整网络结构，从而观察网络结构变动和其外在表现来判断网络结构和网络功能之间的关系的话，往往难度较大，而且也很难与真实情况保持一致。因此，借鉴经济学中的计量统计回归模型方法的思想，建立网络结构变化和其外在表现之间的回归模型，利用历史数据的变动来量化两者之间的关系，将会提供一个全新的思路，也能够带来更加可靠的结果。

在分析全球产业链网络结构变动与碳排放增长之间的关系，可以具体化为部门在碳排放流动网络中的结构角色的变化和其直接碳排放量之间的关系，从而可以检验部门在全球产业链中的地位的变化是否会对其碳排放产生影响。这种变量间的关系的量化可以采用计量经济学模型来进行。在经典计量经济学模型中，主要以时间序列数据（Time Series Data）或横截面数据（Cross Section Data）作为研究对象，两者都是一维数据。时间序列是由一个变量在不同时期的观测值组成的数据集，即由单一的观测对象在不同时期的观测值构成。横截面数据是在给定时间点对不同个体进行抽样所构成的数据集，即由多个被观测对象在单一时期的观测值构成。因此，如果采用时间序列模型的话反映的是某一个部门结构角色的变化对其直接碳排放的影响；如果采用横截面数据模型的话反映的是不同部门结构角色在某一年对其直接碳排放的影响。

　　然而，无论是全球产业链网络结构变动还是部门直接碳排放增长都同时具有个体和时间两个维度的信息，是二维数据。一方面，因变量与自变量间不仅存在个体上的差异，即不同部门之间在全球产业链中的结构角色及其碳排放之间具有显著区别；另一方面，变量存在时间上的区别，即部门在全球产业链中的结构角色及其碳排放在所选取的时间域（1995～2016 年）具有显著的演化特征。因此，无论是时间序列模型还是横截面数据模型都无法全面反映部门结构角色变化对其直接碳排放的影响。这种在时间和横截面上的二维数据结构符合面板数据（Panel Data）的定义，即不同个体在不同时间的重复观测数据。因此，选用面板数据模型来作为产业链网络结构变化对碳排放的影响量化的基础模型。

4.1.1　面板数据模型的基本形式

　　面板数据模型的一般化形式为：

$$y_{it} = \beta x_{it} + \varepsilon_{it} \qquad (4-1)$$

其中，$i = 1, 2, \cdots, N$，表示第 i 个个体，$t = 1, 2, \cdots, T$，表示第 t 个时间，x_{it} 为个体 i 在时间 t 的解释变量的观测值，β 为解释变量的影响系数，ε_{it} 为随机误差项。

　　面板数据模型一般具有三种形式。

　　（1）混合效应模型：无个体影响的不变系数模型：

$$y_{it} = \alpha + \beta x_{it} + \varepsilon_{it} \qquad (4-2)$$

其中，α 为截距项。在混合效应模型中，模型在横截面上无个体影响、无结构变化，可将模型简单地视为是横截面数据堆积的模型。这种模型与一般的回归模型无本质区别，只要随机扰动项服从经典基本假设条件，就可以采用普通最小二乘法（OLS）进行估计，该模型也被称为联合回归模型。

　　（2）固定效应模型：变截距模型：

$$y_{it} = \alpha_i + \beta x_{it} + \varepsilon_{it} \qquad (4-3)$$

在固定效应模型中，模型在横截面上存在个体影响，不存在结构性的变化，即解释变量的结构参数在不同横截面上是相同的，不同的只是截距项α_i，个体影响可以用截距项α_i的差别来说明，故通常把它称为变截距模型。

（3）随机效应模型：变系数模型：

$$y_{it} = \alpha_i + \beta_i x_{it} + \varepsilon_{it} \qquad (4-4)$$

在随机效应模型中，模型在横截面上存在个体影响，又存在结构变化，即在允许变量个体影响由变化的截距项α_i来说明的同时还允许系数向量β_i依变量个体成员的不同而变化，用以说明个体成员之间的结构变化，故称该模型为变系数模型。

为了避免模型设定的偏差，改进参数估计的有效性，因此需要检验被解释变量y_{it}的参数α_i和β_i是否对所有个体样本点和时间都是常数，即检验样本数据究竟属于上述3种情况的哪一种面板数据模型形式。通常情况下，可以通过F检验和Hausman检验来设定模型。通常先通过F检验来判断应选择混合效应模型还是固定效应模型，然后通过Hausman检验来判断应选择固定效应模型还是随机效应模型。

（1）混合效应模型对固定效应模型：F检验。

混合效应和固定效应的区别就是解释变量对因变量的影响是否具有显著的个体效应。因此，F检验的零假设H_0和备择假设H_1如下：

$$H_0 : \alpha_1 = \alpha_2 = \cdots = \alpha_n$$
$$H_1 : \alpha_1 \neq \alpha_2 \neq \cdots \neq \alpha_n$$

接受零假设H_0，说明个体效应不显著，应建立混合效应模型；拒绝零假设H_0，接受备择假设H_1，说明个体效应显著，应建立固定效应模型。

（2）随机效应模型对固定效应模型：Hausman检验。

一般来说，固定效应模型和随机效应模型具有各自的优缺点，因此选择哪个模型都具有合理性。有学者指出，在一般情况下，应把个体效应视为随机的。并且，对于横截面（个体）数目很大的面板数据来说，保持解释变量系数的不变往往会消耗更大的自由度，选择随机效应模型可能更为合适。然而，随机效应模型所需要的一个重要的假设就是个体效应和其他解释变量是不相关的，如果遗漏了重要变量的话就会导致参数估计的非一致性。固定效应模型无需做这个假设。因此，可以通过检验个体固定效应是否和解释变量相关作为固定效应模型和随机效应模型的选择依据。Hausman检验就是这样一个检验统计量。Hausman 检验的零假设H_0和备择假设H_1如下：

$$H_0 : 个体效应和解释变量不相关$$

$$H_1 : 个体效应和解释变量相关$$

接受零假设H_0，说明个体效应和解释变量不相关，应建立随机效应模型；拒绝零假设H_0，接受备择假设H_1，说明个体效应和解释变量相关，应建立固定效应模型。

4.1.2　影响量化模型构建

为了检验碳排放流动网络中的结构角色的变化对其直接碳排放的影响，选取部门的直接碳排放为因变量，选取各部门在网络中的结构角色，碳排放自流动量、碳排放进口量、碳排放出口量、产业链始端影响力、产业链中介影响力、产业链末端影响力为自变量。通常情况下，各国各产业部门的碳排放增长除了本研究所考虑的在产业链中的结构角色的影响之外，还会受到诸多其他宏观经济因素的影响，如各部门的生产规模、技术水平、能源消耗、能源结构、产品消费需求等。这些宏观因素对碳排放的影响一般被普遍认可，也被前人的研究所证实。因此，有必要将这些因素纳入面板数据模型当中，作为控制变量，从而提高模型估计结果的可信度。基于以往碳排放影响因素的研究和可收集到的数据，选择各部门 GDP、碳排放强度（每单位 GDP 的碳排放）、能源消耗总量、能源消耗结构（煤炭在总能耗中的比重）来分别表征各部门的生产规模、技术水平、能源消耗和能源结构，作为产业链网络结构变化对碳排放的影响量化模型的控制变量。模型公式为：

$$DC_{it} = \alpha + \beta_1\, SF_{it} + \beta_2\, IM_{it} + \beta_3\, EX_{it} + \beta_4\, CI_{it} + \beta_5\, B_{it}$$
$$+ \beta_6\, CO_{it} + \beta_7\, DS_{it} + \beta_8\, EC_{it} + \beta_9\, ES_{it} + \beta_{10}\, G_{it} + \varepsilon_{it} \quad (4-5)$$

其中，DC_{it}表示部门i在第t年的直接碳排放量，SF_{it}表示部门i在第t年的碳排放自流动量，IM_{it}表示部门i在第t年的碳排放进口量，EX_{it}表示部门i在第t年的碳排放出口量，CI_{it}表示部门i在第t年的产业链末端影响力，B_{it}表示部门i在第t年的产业链中介影响力，CO_{it}表示部门i在第t年的产业链始端影响力。DS_{it}表示部门i在第t年的碳排放强度，EC_{it}表示部门i在第t年的能耗总量，ES_{it}表示部门i在第t年的能耗结构，G_{it}表示部门i在第t年的 GDP。α为截距项，ε_{it}为随机误差项。β为自变量和控制变量的影响系数。

4.2　部门结构角色变化对碳排放的影响估算

4.2.1　变量描述性统计

全球产业链网络结构对碳排放的影响量化模型中所有的自变量与因变量的描述性统计特征如表4－1所示。

表4－1　　　　　　　　　　　　　变量描述性统计

变量		样本量	均值	最大值	最小值	标准偏差
因变量	DC	28028	1.87×10^{10}	4.50×10^{12}	0.46	1.26×10^{11}
自变量	SF	28028	2.01×10^{9}	6.00×10^{11}	0	1.65×10^{10}
	SO	28028	4.90×10^{9}	1.21×10^{12}	0	3.34×10^{10}
	SI	28028	4.90×10^{9}	7.78×10^{11}	7985.39	2.57×10^{10}
	B	28028	1.72×10^{10}	5.47×10^{12}	0	1.63×10^{11}
	CO	28028	7.94×10^{9}	5.23×10^{12}	0	1.04×10^{11}
	CI	28028	7.94×10^{9}	2.21×10^{12}	0	6.41×10^{10}
	DS	28028	1.25×10^{9}	3.50×10^{13}	-1.04×10^{9}	2.09×10^{11}
	EC	28028	5.09×10^{5}	66754077	0	2.93×10^{6}
	ES	28028	5.09×10^{5}	6.68×10^{7}	0	2.93×10^{6}
	G	28028	3.03×10^{4}	4.20×10^{6}	-2.92×10^{4}	1.40×10^{5}

资料来源：作者根据EXIOBASE投入产出表计算所得。

4.2.2　变量检验

在进行回归模型估计前，为避免伪回归，确保结果的有效性，需对数据进行平稳性检验。一般情况下，如果除去时间序列中的时间趋势和不变均值（截距）后，剩余序列为白噪声序列即零均值、同方差，则可以认为时间序列是平稳的。常用的单位根检验的办法有LLC检验和不同单位根的Fisher－ADF检验，若两种检验均拒绝存在单位根的原假设则认为序列为平稳的，反之不平稳。对于不平稳的序列，需要进行一阶差分后继续进行检验，若仍存在单位根，则继续进行高阶差分，直至平稳。因此，采用LLC检验和ADF检验同时检验所考虑的自变量和因变量是否平稳。变量平稳性检验结果如表 4 - 2 所示。变量平稳性检验结果表明，除控制变量 G（GDP）外，其余变量均平稳，满足面板数据模型要求。因此，在后续的模型分析中，不再考虑控制变量 G 的影响。

表 4 - 2　　　　　　　　　　　　变量平稳性检验

变量		LLC 检验		ADF 检验	
		T 统计量	P 值	T 统计量	P 值
因变量	DC	− 13.781	0.000	3 945.440	0.000
自变量	SF	− 13.958	0.000	4 528.350	0.000
	SO	− 9.472	0.000	3 401.820	0.000
	SI	− 14.579	0.000	3 908.750	0.000
	B	− 6.085	0.000	3 521.140	0.000
	CO	− 3.013	0.000	3 871.760	0.000
	CI	− 11.471	0.000	3 749.060	0.000
	DS	− 912.338	0.000	12 073.3	0.000
	EC	− 6.067 26	0.000	4 026.08	0.000
	ES	− 118.405	0.000	5 911.4	0.000

资料来源：作者根据 EXIOBASE 投入产出表计算所得。

在完成变量单位根检验之后，如果变量间是同阶单整，则可进行协整检验。协整检验是用来考察变量间的长期均衡关系的方法。若通过协整检验，则说明变量间存在长期稳定的均衡关系，方程回归残差是平稳的，可进行后续回归模型的估计。因此，采用 Kao 残差协整检验进一步对变量间的协整关系进行检验以验证变量是否满足回归模型的建模条件。结果表明，当自变量中包含控制变量 ES（能耗结构）时，无法进行变量间协整关系检验。当排除控制变量 ES 时，剩余变量间的协整关系检验可以进行，并显著通过了协整检验（见表 4 - 3）。这说明控制变量 ES 与其他变量不存在长期均衡关系。因此，在后续的模型估计中，排除控制变量 ES 的影响。

表 4 - 3　　　　　　　　　　变量间 Kao 残差协整检验

变量	T 统计量	P 值
ADF	− 27.440	0.000

变量	T 统计量	P 值
Residual variance	3.690×10^{19}	
HAC variance	2.990×10^{19}	

资料来源：作者根据 EXIOBASE 投入产出表计算所得。

4.2.3 模型选择

首先，选择 Chow 检验进行 F 检验。从表 4 – 4 可以看出 P = 0.000 < 0.05，说明在 0.05 的显著性水平上拒绝原假设，存在显著个体效应，应建立固定效应模型。

表 4 – 4   **Chow 检验**

F 统计量	P 值
9.673	0.000

资料来源：作者根据 EXIOBASE 投入产出表计算所得。

其次，进行 Hausman 检验。从表 4 – 5 可以看出 P = 0.049 7 < 0.05，说明在 0.05 的显著性水平上拒绝原假设，个体效应与解释变量间存在显著相关关系，应建立固定效应模型。

表 4 – 5   **Hausman 检验**

Chi-Sq. 统计量	Chi-Sq. 自由度	P 值
15.528	8	0.049 7

资料来源：作者根据 EXIOBASE 投入产出表计算所得。

综上所述，部门结构角色变化对碳排放的影响估算模型最终的模型设定为固定效应模型。

4.2.4 回归结果

4.2.4.1 全球产业链回归结果

全球产业链各部门结构角色对其碳排放的影响的参数估计结果如表 4 – 6 和表 4 – 7 所示。可以看出，F 检验的相伴概率 P 值小于 0.01，拟合优度（R^2）分别为 0.938 和 0.957，模型的拟合效果良好，这说明模型的所有解释变量对被解释变量的解释力度较强，也说明这个模型考虑到了影响全球产业链中各部门直接碳排放的主要因素。模型中的一些解释变量对被解释变量的影响是显著的，但是其显著性水平和影响程度存在一定的差异。在表4-6中，回归模型中没有考虑控制变量的影响。结果显示，部门的碳排放自流动量、进口量和产业链中介影响力对于碳排放具有显著负向影响，部门的碳排放出口量和产业链始端影响力、末端影响力对碳排放具有显著正向影响。在表4-7中，回归模型加入了控制变量的影响。结果显示，部门的碳排放自流动量和产业链中介影响力对碳排放具有显著负向影响，部门的碳排放出口量、进口量和产业链始端影响力、末端影响力对碳排放具有显著正向影响。通过表4-6和表4-7的对比可知，当回归模型考虑到部门的碳排放强度和能源消耗总量两个内生因素的影响时，部门的碳排放自流动量的负向影响加强，而产业链中介影响力的负向影响以及碳排放出口量、进口量、产业链始端影响力、末端影响力的正向影响弱化。这说明虽然产业链网络结构变化对部门碳排放具有显著的外生影响，然而部门碳排放的变化更多是由内生因素造成的。这意味着从部门内部着手，进行生产活动规模的调整和生产技术的改进对于控制碳排放具有更加显著和直接的效果。

表4-6　　　　　　　　　　回归结果（不包含控制变量）

自变量	系数	Std. . Error	t - statistic	Prob.
SF	-0.749 ***	0.035	-21.684	0.000
SO	1.701 ***	0.016	107.979	0.000
SI	-0.065 ***	0.012	-5.560	0.000
B	-0.444 ***	0.006	-73.621	0.000
CO	0.825 ***	0.003	248.606	0.000
CI	0.699 ***	0.013	52.534	0.000
R^2	0.938		F-statistic	67 105
Adj. R^2	0.935		Prob（F-statistic）	0.000

注：*** 表示在1%水平上显著。
资料来源：作者根据EXIOBASE投入产出表计算所得。

表4-7　　　　　　　　　　回归结果（包含控制变量）

自变量	系数	Std. Error	t-statistic	Prob.
SF	-1.232 ***	0.029	-42.572	0.000
SO	1.021 ***	0.014	70.855	0.000

自变量	系数	Std. Error	t-statistic	Prob.
SI	0.031 **	0.010	3.200	0.001
B	-0.248 ***	0.005	-46.761	0.000
CO	0.636 ***	0.003	196.967	0.000
CI	0.448 ***	0.011	39.810	0.000
DS	0.000	0.000	0.018	0.985
EC	17 738.649 ***	160.149	110.763	0.000
R^2	0.957		F-statistic	74 942.9
Adj. R^2	0.955		Prob（F-statistic）	0.000

注：** 、*** 分别表示在5% 、1% 水平上显著。

资料来源：作者根据 EXIOBASE 投入产出表计算所得。

通过表4 - 7可知，在模型所考虑的所有影响因素中，部门的碳排放出口量（SO）、碳排放进口量（SI）、产业链始端影响力（CO）、产业链末端影响力（CI）对部门的直接碳排放具有正向影响。其中，部门的碳排放出口量的正向影响程度最强。这是因为部门的直接下游的产品需求对本部门的生产活动具有直接的影响。下游生产环节对本部门的产品需求量越大，本部门的生产活动就随之加强，进而在生产活动中就会产生更多的碳排放。部门的碳排放进口量对部门的直接碳排放具有较弱的正向影响。一方面，部门的碳排放进口量越大，说明部门进口了大量的高碳排放的产品用于本部门的生产活动，因而本部门无须再重复生产这些高碳排放的产品，有利于部门直接碳排放的减少，如机械组装等产业链中下游部门；然而，另一方面，部门大量进口原材料或者中间产品进行本部门的生产活动，会对本部门的生产活动起到促进作用，进而也会带动碳排放的增长，尤其是金属冶炼加工这些中上游部门。因此，碳排放进口量的弱正向影响表明当前全球经济发展模式下，粗放型的加工制造业的主体地位要强于精细化的组装制造业。产业链始端影响力和产业链末端影响力越强的部门倾向于排放更多的碳排放。这表明产业链上的直接影响同样对部门的直接碳排放具有显著的影响。产业链始端影响力的正向影响说明，以本部门为起始部门的产业链上的碳排放总和越大，本部门的直接碳排放越多。这是因为产业链下游所有部门的间接产品需求会促使本部门进行更多的生产活动，进而产生更多的碳排放。产业链末端影响力的正向影响说明，以本部门为终端部门的产业链上的碳排放总和越大，本部门的直接碳排放越多。这是因为产业链上游所有部门的间接产品供应能够保证本部门的生产活动得以顺利进行，产业链上充足的原材料及产品的流动也能保证本部门生产规模的扩大拥有足够的生产资料，进而带动本部门碳排放的增长。

部门的碳排放自流动量（SF）和产业链中介影响力（B）对部门的直接碳排放具有显著的负向影响力。其中，部门的碳排放自流动量具有比较强的负向影响。这是因为部门通过向自身投入更多本部门生产的产品，使得本部门的生产活动得以顺利进行，无需再生产或者购买类似的原材料或者产品，避免了重复生产，进而减少了本部门的直接碳排放。部门的产业链中介影响力对其直接碳排放的负向影响表明，以本部门作为中间部门的产业链上的碳排放总量越大，本部门的直接碳排放越少。这是因为处于产业链中游的部门大多是产品再加工部门，即进口上游部门的产品，进行组装等程序进行下一步的加工，再出口到其他部门。这就决定了这些部门在生产过程中相对于初级产品加工部门来说会消耗较少的能源，产生比较少的碳排放。

4.2.4.2　全球各国（地区）产业链回归结果

由于不同国家或者地区之间经济发展的差异性，分别对不同国家和地区建立回归模型进行分析，回归结果如表4-8所示。可以看出，对于大多数国家来说，回归模型的拟合优度（R^2）均大于0.6，模型的拟合效果良好，这说明对于这些国家来说，所选择的解释变量对被解释变量的解释力度较强，表明这些国家的部门在全球产业链中扮演的角色在其碳排放增长的过程中起着重要的作用。对于匈牙利、立陶宛、波兰、芬兰、瑞典、德国等国家来说，回归模型的拟合优度（R^2）均小于0.6，相对而言模型的拟合效果较弱，说明对于这些国家来说，所选择的解释变量对被解释变量的解释力度较弱，表明这些国家的部门的碳排放增长在一定程度上是由其他因素所造成的，而并非由其在全球产业链中的位置所影响。

表4-8　　　　　　　　　　　　全球各国及地区回归结果

国家或地区	SF	SO	SI	B	CO	CI	R^2
奥地利	1.629	2.108		-0.183	0.274	-0.323	0.720
比利时	1.170	1.238	-0.257	-0.623	1.897	0.416	0.795

续表

国家或地区	SF	SO	SI	B	CO	CI	R²
保加利亚	1.197	-0.521			1.052	-0.754	0.591
塞浦路斯	2.495	2.323	-1.006	-2.903	2.248	2.480	0.925
捷克	2.278	0.952	-0.478	-0.865	1.422	0.984	0.798
德国	-1.179	-1.052	-1.089	-0.564	1.402	1.410	0.558
丹麦		0.492			-0.221		0.909
爱沙尼亚	2.332	0.494		-0.383	0.216		0.687
西班牙	-2.622	1.115	-0.692	-1.882	1.828	3.240	0.564
芬兰	4.397	-0.623		-1.095	1.796	0.840	0.520
法国		2.908	-1.530	-2.918	2.988	3.325	0.847
希腊	-1.102	1.237		-2.038	1.892	2.247	0.625
克罗地亚	1.643	2.288	0.708		1.674	-3.116	0.611
匈牙利	5.087		0.554	-0.998	1.613	0.641	0.188
爱尔兰	0.589	0.567	-0.407	-0.290	0.738	0.295	0.904
意大利	-0.927	-1.449	0.000	-1.238	3.070	1.772	0.830
立陶宛	-2.417	2.708	2.734	-2.305	2.556		0.458
卢森堡	0.442	-0.113			0.343		0.951
拉脱维亚	0.647			-0.127	0.331		0.717
马耳他	1.800	0.408	-0.754	-0.560	0.370	0.784	0.805
荷兰	2.076	2.577	-0.332	-1.753	2.670	1.268	0.777
波兰	7.695			-2.122	1.068	1.988	0.498
葡萄牙	0.982	4.275	-0.882	-4.234	3.353	4.800	0.807
罗马尼亚		0.768		-0.835	1.321		0.704
瑞典				-1.082	2.654	1.191	0.548
斯洛文尼亚	1.757	1.213		-0.476	2.217	-0.586	0.836
斯洛伐克	2.110	1.190		-1.209	1.488	1.109	0.789
英国	2.457	1.787	-1.006	-2.066	1.647	2.643	0.704
美国	-2.295	0.867		-0.338	1.097	1.078	0.658
日本			-0.534	-0.402	1.562	0.379	0.719
中国	-0.782	1.211		-0.254	0.638	0.358	0.986
加拿大		-0.468		-0.585	1.613		0.774
韩国			-0.982	-0.167	0.931	0.599	0.949
巴西	3.231	3.523		-2.867	3.111		0.865

国家或地区	SF	SO	SI	B	CO	CI	R^2
印度		2.737	− 0.864	− 2.376	1.682	2.967	0.946
墨西哥	7.343	3.896	− 0.553	− 4.544	3.388	3.255	0.885
俄罗斯		1.834	− 0.417	− 1.048	0.737	0.000	0.606
澳大利亚				− 0.342	0.697	0.344	0.850
瑞士	0.635	1.237		− 0.372	1.897		0.898
土耳其	2.967			− 1.052	0.558		0.879
中国台湾	− 2.830	0.385			0.479	0.290	0.777
挪威		3.199	− 0.908	− 2.050	1.892	2.837	0.849
印度尼西亚					0.302		0.761
南非	0.384	0.879		− 0.445	0.653	0.364	0.912
其他亚洲地区	3.770		− 0.528		0.264	− 0.341	0.904
其他美洲地区	6.168	1.424	− 0.619	− 0.812	0.851		0.840
其他欧洲地区	− 1.949			− 1.391	0.960	2.936	0.572
其他非洲地区	5.057		0.338	− 1.655	2.480	1.141	0.900
其他中东地区	4.834	2.124		− 0.881	0.978	− 0.580	0.956

资料来源：作者根据 EXIOBASE 投入产出表计算所得。

绝大多数国家或地区内的各部门的碳排放自流动量都对其碳排放具有显著的正向影响，如墨西哥、巴西、土耳其、塞浦路斯等。这说明对这些国家或地区来说，部门自身产品的使用效率越高，部门产生的碳排放越多。这可能是因为这些国家或地区的资源或者技术优势比较弱，导致本部门单位产品所产生的碳排放显著高于其他国家的同等部门，从而使得本部门产品的使用加剧了碳排放的增长。对于这些国家或者地区来说，在生产过程中应该减小本部门产品的使用比例，与具有更高技术优势或者资源优势的国家建立贸易伙伴关系，进口其低碳产品作为本部门生产活动的原材料，从而避免不必要的碳排放的产生。对于中国、美国、希腊、意大利和中国台湾地区来说，部门碳排放自流动量对于其碳排放具有显著的负向影响。这说明这些国家或地区中的产业部门对于自身产品的使用效率越高，部门产生的碳排放越少，表明这些国家或者地区具有比较高的技术优势或者资源优势，单位产品所产生的碳排放低于其他国家或地区的同等部门。对于这些国家或者地区来说，在其生产过程中应该适当提高本部门产品的使用效率，降低部门自身的碳排放，同时鼓励本部门产品或者技术向其他国家出口，以帮助其他国家或者地区降低该部门生产过程中碳排放的产生。

绝大多数国家或地区的各部门的碳排放出口量都对其碳排放具有显著的正向影响，如葡萄牙、墨西哥、巴西、挪威、法国等。这说明对于大多数国家来说，部门碳排放出口量越大，本部门生产活动产生的碳排放越多。这也就是说，对于大多数国家而言，来自下游部门的直接消费需求是拉动部门碳排放增长的一个重要因素。对于这些国家或者地区来说，降低本部门碳排放的措施主要有两个：一是控制本部门产品的出口量，减小本部门的生产规模；二是改进本部门的生产技术，提高能源和资源的使用效率，降低单位产品中的碳排放。另外，部门的碳排放出口量在少数的国家中对其碳排放具有显著的负向影响，如意大利、加拿大、卢森堡等。这说明在这些国家，部门碳排放出口量越大，本部门生产活动中产生的碳排放越少。这可能是因为这些国家的相关产品具有比较高的技术优势和资源优势，规模效应效果明显，使得由直接需求所导致的生产规模的扩大反而会促进碳排放的减少。对于这些国家来说，应该继续扩大部门产品的生产规模，充分发挥自身的技术和资源优势，鼓励产品的出口。

大多数国家或地区的各部门的碳排放进口量和部门碳排放之间不存在显著的相关关系，这说明对于大多数国家来说部门碳排放进口量的变化不会影响到碳排放的产生。对于法国、英国、塞浦路斯、韩国、挪威等国家来说，部门的碳排放进口量对其直接碳排放具有显著的负向影响。这说明对这些国家来说，进口其他部门产品越多，本部门生产活动中产生的碳排放越少。这表明这些国家进口其他部门产品能够有效降低部门的生产活动，从而促进碳减排。这是因为进口其他部门的产品作为本部门生产活动中的原材料可以有效降低本部门的生产活动强度，从而降低碳排放的产生。这反映了这些国家的相关产业对于其他国家的依赖度比较高，生产活动中的一些关键产品选择进口而非依赖于自身的生产。对于这些国家来说，应该继续保持目标的生产结构，合理扩大相关产品的进口份额，进一步促进本部门碳排放的减少；同时，应该优先选择具有一定资源优势和技术优势的部门作为进口来源，从而为全球范围内的碳减排减小压力。

在少数国家或者地区中，各部门在全球产业链中的中介影响力和部门碳排放之间不存在显著的相关关系，如克罗地亚、丹麦、中国台湾、印度尼西亚等。而对于其他所有国家或者地区来说，部门在全球产业链中的中介影响力都具有显著的负向影响。这说明在全球范围内，在产业链中扮演显著桥梁角色的部门都倾向于产生较少的碳排放。这可能是因为在全球产业链中具有重要媒介作用的部门主要为机械组装加工行业，进口其他部门的产品作为自身原材料，加工过后出口到其他部门。不同于需要耗费大量矿产、能源的初级产品加工业，这些中介行业在生产过程中产生的碳排放都比较少。这表明促进产业向中下游转移将有利于国家或者地区碳排放的减少。

绝大多数国家或地区的各部门在全球产业链上的始端影响力和末端影响力都对碳排放具有显著的正向影响，这说明来自上游的原材料供应和来自下游的产品需求都对部门的生产活动具有显著的影响，从而促进碳排放的产生。对于墨西哥、葡萄牙、法国、塞浦路斯、印度等国家或者地区来说，产业链中介影响力、始端影响力、末端影响力三个衡量部门在产业链上的间接影响力都对部门碳排放具有显著的影响，这说明这些国家或者地区的部门在一些关键产业链中都占据着关键的位置。因此，对于这些国家或地区来说，通过技术改进来提高能源和资源的使用效率、降低单位产品的碳排放量就比其他国家或地区更具有必要性。这些国家或地区生产过程中碳排放强度的减小将会对全球产业链起着系统性的影响。

4.3　本章小结

通过第 3 章的研究发现，部门在全球产业链网络中所扮演的结构角色同时具有个体和时间上的差异。一方面，在同一角色下，不同部门之间在角色的重要性上存在显著区别；另一方面，对于同一部门来说，所扮演的各角色在时间上都呈现明显的变化趋势。因此，本章首先根据部门结构角色和部门碳排放的数据特点，选择面板数据模型来作为这两者关系估算的基础模型，从而建立全球产业链网络结构对碳排放的影响量化模型。

其次，本章进行了模型的变量选择。由于本章的主要研究目的是量化部门结构角色对碳排放的影响，因此，将部门所扮演的 6 个量化角色作为自变量，分别为碳排放自流动量、碳排放出口量、碳排放进口量、产业链中介影响力、产业链始端影响力和产业链末端影响力，将部门碳排放作为因变量。另外，为了排除一些普遍存在的宏观因素的影响，选择部门碳排放强度、能源消耗总量、能源消耗结构、GDP 作为控制变量。再次，本章对变量分别进行了平稳性检验和协整检验，并且进行了面板数据模型的选择。最后，分别对全球产业链和各国或者各地区产业链进行了参数估计。全球产业链回归结果显示模型的拟合效果良好，表明部门在全球产业链网络中的结构角色变化是导致其碳排放增长的重要原因。部门在全球产业链网络中所扮演的各结构角色对其碳排放均具有显著影响，并且影响程度不同。部门的碳排放出口量、碳排放进口量、产业链始端影响力、产业链末端影响力对部门的直接碳排放具有正向影响，部门的碳排放自流动量和产业链中介影响力对部门的直接碳排放具有显著的负向影响。其中，部门的碳排放自流动量对部门碳排放的负向影响最强，说明提高本部门产品的使用效率可以有效降低碳排放的产生；部门的碳排放出口量对于部门碳排放的正向影响最强，说明本部门碳排放的增长主要由来自下游部门的直接生产需求所驱动。全球各国或者地区产业链回归结果表明不同的国家或者地区内各部门的碳排放受到不同因素的影响。对于大多数国家或地区来说，碳排放出口量、产业链始端影响力、产业链末端影响力对于部门碳排放具有显著正向影响，产业链中介影响力对于部门碳排放具有显著的负向影响，与全球产业链回归结果保持一致。然而，一些生产技术欠发达的中等收入和低收入国家或地区的碳排放自流动量的显著正向影响以及部分高收入国家或地区的碳排放出口量的显著负向影响也表明，由于各国或者地区生产过程中普遍存在的资源及技术上的差别，各国或者地区内各部门的生产活动对于碳排放的影响不尽相同。因此，实现全球范围内的碳减排需要根据各国或者地区的实际情况采取差异化的调整措施。

第 5 章

全球产业链网络视角下的产业结构优化

本章基于第 3 章和第 4 章的研究结果，将定义的结构系数作为部门总产出的影响因素，纳入多目标投入产出优化模型中，建立基于产业链网络结构的产业结构优化模型。在经济增长和碳减排目标下，利用多目标遗传算法对全球 1 274 个产业部门的优化总产出进行求解。

5.1　多目标产业结构优化模型

在投入产出模型的研究中，为了能够对当前的经济结构进行动态的模拟调整，从而实现研究经济结构变动带来的影响，许多学者一般将其转化为线性规划问题。因为就投入产出模型本身，其不同部分的组成和产生都是来源于一系列的线性关系，包括中间产出、最终消费和总产出。进一步地，在实际的经济结构调整模拟中，线性规划模型要实现的目标往往不止一个，而是要实现经济、环境、资源、社会发展等一系列的发展目标，从而实现国家乃至全球各方面的全面发展。在此基础上，学者提出了基于部门间投入产出关系的多目标产业结构优化模型。

多目标优化的概念最开始由经济学家帕累托于 1896 年提出来，属于运筹学的范畴。在实际运用中，大多数最优化问题都是目标优化的问题，通常各个目标之间是相互冲突的，往往是一对或者多对矛盾。换言之，要使多个目标同时达到最优一般很难，而优化则意味着要找到一个或一组使各个目标都可接受的解，因此，这种解不是唯一的，而应该为一个最优解的集合，集合中元素则被称为帕累托最优或非劣最优。帕累托最优解集中的元素就各个目标而言是彼此不可比较的。

5.1.1　数学描述

一个经典多目标优化模型是由 n 个决策变量、m 个目标函数以及 k 个约束条件构成。优化目标的实现需要基于一定的约束条件，决策变量需要在合理的可行域中搜索最优值。用公式描述为：

$$\max/\min \ y = F(x) = (f_1(x), f_2(x), \cdots, f_m(x)) \quad\quad (5-1)$$

$$\text{s. t}\begin{cases} g_i(x) \leqslant 0, i = 1, 2, \cdots, q \\ h_j(x) = 0, j = 1, 2, \cdots, p \\ x \in [x_{\min}, x_{\max}] \end{cases}$$

其中，x 为 n 维决策空间，y 为 m 维的目标空间，$y = (f_1(x), f_2(x), \cdots, f_m(x))$ 为 m 维的目标矢量。$y = F(x)$ 表示目标函数。$g_i(x) \leqslant 0$ 和 $h_j(x) = 0$ 分别代表 q 个不等式约束条件和 p 个等式约束条件。$x_{\min}$ 和 $x_{\max}$ 为向量搜索的上下限。

5.1.2　多目标优化求解算法

不同于单目标优化问题得到一个最优解的情况，由于不同优化目标之间的矛盾和冲突，多目标优化问题的解往往不止一个。通常情况下，多目标优化问题会得到一个帕累托最优解集。帕累托最优解集中的每一个解都能符合多目标优化模型的要求，并且尽可能达到互相冲突的优化目标之间的最优平衡。目前，学者们提出了很多算法来有效地求解多目标优化问题，包括遗传算法（Coello，2006；Konak，Coit et al.，2006）、粒子群算法（Mirjalili，Saremi et al.，2016）、蚁群算法（Zuo，Shu et al.，2015）、NSGA-Ⅱ 算法（Ghazvini，Soares et al.，2015；Yu，Li et al.，2015；Liu，Cai et al.，2016）等。作为目前最流行的多目标遗传算法之一，NSGA-Ⅱ 算法降低了非劣排序遗传算法的复杂性，具有运行速度快、解集的收敛性好的优点。近年来，NSGA-Ⅱ 算法被广泛用于求解多目标优化问题。因此，选取 NSGA-Ⅱ 算法来进行多目标投入产出优化模型的求解。NSGA-Ⅱ 的算法流程如图 5 - 1 所示。

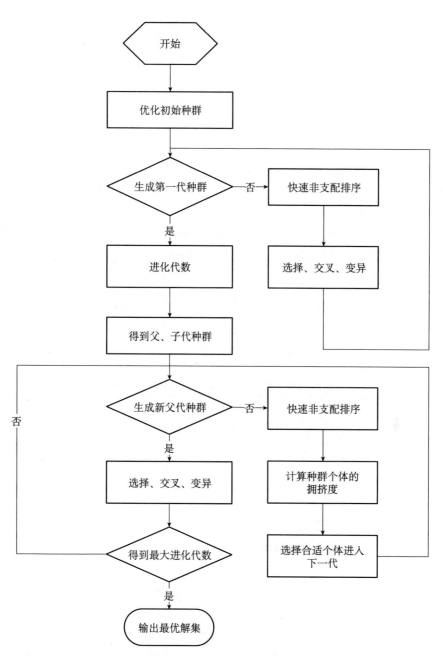

图 5 - 1　NSGA-Ⅱ算法流程

资料来源：李建霞．自适应动态多目标进化算法研究及应用［D］．西安：西安电子科技大学，2024．

5.2 基于产业链网络结构的产业结构优化模型构建

5.2.1 产业链网络结构在产业结构优化中的作用

以第 3 章中构建的多区域投入产出表为例，在仅考虑一个部门的生产活动变动对另一个部门的直接前向驱动作用的情况下，保证最终消费和直接消耗系数矩阵不变，将部门 A2 的总产出减少 1 个单位。由于部门 A2 每单位产品的生产需要部门 A1、A2、B1 各投入 0.1 单位的产品，因此，部门 A2 总产出减小 1 个单位会导致部门 A1、A2、B1 分别减小 0.1 单位。由于部门 A1 每单位产品需要部门 B2 投入 0.1 单位产品，因此，部门 A1 减小 0.1 单位产出会使得部门 B2 减小 0.01 单位产出。由于部门 B2 每单位产品需要部门 B1 投入 0.1 单位产品，因此，部门 B2 减小 0.01 单位产出会使得部门 B1 减小 0.001 单位产出，从而得到新的投入产出表（见表 5 - 1）。同时，部门间的经济联系也会产生相应的改变，如图 5 - 2 所示。

表 5 - 1　　　　　调整后的多区域投入产出表（2 个国家 2 个部门）

项目	A1	A2	B1	B2	最终消费	总产出
A1	0	0.9	0	0	9	9.9
A2	0	-0.1	0	0	9	8.9
B1	0	0.9	0	0.999	8	9.899
B2	0.99	0	0	0	9	9.99
增加值	8.91	7.2	9.899	8.991		
总投入	9.9	8.9	9.899	9.99		

资料来源：作者理论推导所得。

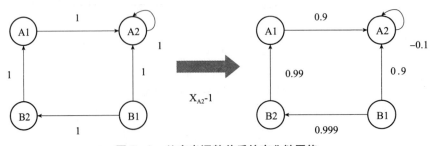

图 5 - 2　总产出调整前后的产业链网络

由此可知，一个部门总产出变化会通过产业链对其他部门产生级联影响。因此，在碳减排目的下对任一部门总产出进行优化调整时，部门总产出变化将会对碳排放总量产生两部分的影响，一部分是部门本身总产出导致的本部门碳排放的减少，另一部分是通过产业链影响其他部门生产活动所导致的其他部门碳排放的减少。如果一个部门在产业链网络中对其他部门的依赖性较强，那么此部门总产出的变化会在产业链网络中产生广泛的影响，使得其他部门的总产出产生较为明显的变化，从而对于产业链内的碳排放总量产生系统性的影响；如果一个部门在产业链网络中较为孤立，那么此部门总产出的变化无法对其他部门产生影响，那么产业链内的碳排放总量的减少只取决于此部门。

在传统的以碳减排为目的的产业结构优化研究中，部门的碳排放强度是最主要的影响因素，忽略了部门在产业链网络中所处的位置的影响。然而，假设存在两个部门 A、B，部门 A 的碳排放强度显著高于部门 B，部门 A 在产业链网络中为孤立节点，部门 B 在产业链网络中与其他部门存在广泛的联系。当部门 B 总产出的变化对其自身和其他部门产生的影响所导致的碳排放减小量大于部门 A 的独立影响时，根据部门的碳排放强度来作为总产出调整依据便不再有效。因此，理论上来说，以部门碳排放强度作为唯一影响因素时存在不足，还需要考虑产业链整体结构的影响。

5.2.2　结构系数

5.2.2.1　结构系数的定义

上述研究结果发现，部门在全球产业链网络中的各结构角色对其碳排放具有差异化的影响，因此，需要根据部门各结构角色对碳排放的影响程度对部门生产活动规模进行调整，以实现碳减排目的。部门各结构角色对其碳排放的定性影响以及需要采取的相应的调整措施如表 5 - 2 所示。

表 5 - 2　　　　部门各结构角色对其碳排放的定性影响以及
需要采取的相应的调整措施

部门结构角色	对碳排放的影响	需要采取的调整措施
碳排放自流动量	负向影响	增加生产规模
碳排放出口量	正向影响	减小生产规模

续表

部门结构角色	对碳排放的影响	需要采取的调整措施
碳排放进口量	正向影响	减小生产规模
产业链始端影响力	正向影响	减小生产规模
产业链中介影响力	负向影响	增加生产规模
产业链末端影响力	正向影响	减小生产规模

由于部门的碳排放自流动量和产业链中介影响力对于其碳排放具有抑制作用，因此，可以通过提高部门自身的生产规模以加强部门在这两方面的地位。由于部门的碳排放出口量和进口量、产业链始端影响力和末端影响力对其碳排放具有促进作用，因此，控制本部门所能获得的直接或者间接的原材料和直接或者间接的生产需求有利于减小本部门碳排放的产生。如果对于其他有联系的部门或者部门间的生产联系的话牵涉的范围比较广泛，在实际操作中难以实现，因此，可以通过主动减小本部门的生产规模以削弱自身在产业链中的重要性，从而到达"牵一发而动全身"的系统性扩散效果，以最小的生产损失成本最大化碳减排的影响效果。由于各部门在全球产业链的结构角色对其碳排放的影响主要包括两个方面：一是不同部门结构角色重要性的区别；二是不同结构角色影响程度的区别。为了综合考虑这两方面结构因素，采用各部门各结构角色的标准化加权平均和来衡量各部门结构角色对其生产规模的影响：

$$sc_i = normalized(\beta_1 SF_i + \beta_2 IM_i + \beta_3 EX_i + \beta_4 CI_i + \beta_5 B_i + \beta_6 CO_i)$$

$$(5-2)$$

5.2.2.2 结构系数和碳排放强度之间的关系

在本研究的基本假设中，经济增长和碳减排目标下的部门生产活动优化调整将会受到产业链结构和碳排放强度两个因素的影响。由图 5-3 可知，各个部门在产业链结构和碳排放强度两个维度的能力都是不同的。产业链结构和碳排放强度两个维度上，都存在一些显著重要的部门。其中，一些部门虽然碳排放强度很高，但是结构系数比较低，如 ZA20（南非的"电、煤气和水供应业"）、ID20（印度的"电、煤气和水供应业"）和 AU20（奥地利的"电、煤气和水供应业"）。这说明一方面，这些部门的生产过程中的技术水平很低，单位产出产生的碳排放比较高，在优化调整的过程中需要控制其生产规模；另一方面，这些部门受到的产业链结构的影响比较弱，说明其处在产业链中的位置决定了这些部门在全球经济活动中的弱势地位，不太可能受到其他部门生产需求或者原材料供应的影响，这也说明这些部门对全球产业链的影响也比较低，因此，在优化调整过程中的重要性反而可以减弱。还有一些部门虽然碳排放强度相对较低，但是结构系数很高，如 CN20（中国的"电、煤气和水供应业"）、CN15（中国的"石油、化工及非金属矿产加工业"）和 CN16（中国的"金属及金属制品加工业"）。这说明一方面，这些部门的生产过程中的技术水平比较高，单位产出产生的碳排放比较少；另一方面，这些部门受到产业链结构的影响比较强，其生产规模和碳排放还显著受到其他部门直接或者间接的影响，反之也对全球产业链具有比较高的影响，因此这些部门生产规模的扩大对自身、全球的碳排放影响都比较高，在优化调整的过程中需要进行控制。综上所述，各部门在产业链结构和碳排放强度两个维度表现能力的不同意味着考虑单一影响因素的优化方案存在不足。因此，在经济增长和碳减排发展目标下，对于部门生产活动的优化调整需要平衡多维度影响因素之间的关系，寻找最优的产业结构优化调整方案。

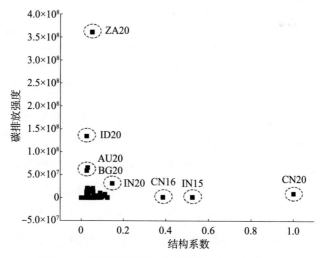

图 5-3　部门碳排放强度和结构系数之间的关系

注：各部门编码为国家代码和部门代码的组合，国家代码见附表 1，部门代码见附表 2，如 CN15 表示中国的"石油、化工及非金属矿产加工业"。

资料来源：作者根据 EXIOBASE 投入产出表计算所得。

5.2.3　基于产业链网络结构的产业结构优化模型

5.2.3.1　建模说明及前提假设

由于本研究的主要研究对象是全球产业链，所采用的是数据中总共包含1 274 个部门，对于所有部门生产活动的优化调整过程计算量比较大，因此本研究构建的是静态的产业结构优化模型。同时，本研究采用的全球投入产出数据涵盖的时间跨度为 1995～2016 年，缺乏最新的全球投入产出数据。因此，在构建基于产业链网络结构的产业结构优化模型时，选择以 2016 年的数据作为基准数据，在此基础上，模拟在既定的经济增长和碳减排目标下下一年度各部门生产活动的优化调整方案。为了使得优化调整方案具有一定的前瞻性，优化模型后续设定的经济增长和碳减排目标以相关研究或者报告为依据，采用世界银行和联合国环境规划署提出的 2020～2030 年的经济发展和碳减排目标。因此，所得到的各部门生产活动的调整幅度以及各国或者地区经济增长与碳减排幅度主要提供的是各国或者地区以及各部门横向的对比信息，不代表真实的调整或者发展要求。

基于全球多区域投入产出表的全球产业链系统由全球各国或者各地区各部门中间产出、最终消费和总产出组成，并且各部门在生产过程中的碳排放与其技术水平密切相关，其中任一要素发生变化都会影响到最终的全球经济增长和碳排放。同时，现实生产活动中碳排放的产生受到众多因素的综合影响，如供需关系、法律政策、技术条件、经济规模、就业等。如果在单个模型中考虑到所有影响因素的作用，并对所有要素进行动态调整的话，数据的可获得性和计算量都会带来比较大的研究难度。本研究的主要目的是通过各部门生产活动的调整来实现经济增长和碳减排双重发展目标，因此，在产业结构优化模型中，本研究选择将各部门总产出作为决策变量，保证其他条件不变。基于此，在构建产业结构优化模型之前，提出以下基本假设。

（1）技术不变。本研究中产业结构优化模型的主要目的是通过调整各部门生产活动以实现相应的经济增长和碳减排目标，各部门的总产出是产业结构优化过程中的唯一变量。因此，其中的一个重要的前提假设就是各部门生产技术在短期内不会发生改变。这种生产技术包括两个方面：一是各部门单位产品生产所产生的碳排放量保持不变，即维持各部门目前的碳排放强度；二是保证各部门间的生产技术联系保持不变，即维持各部门目前的直接消耗系数。

（2）最终消费不变。由于本研究的产业结构优化模型的主要目的是通过生产过程的调整来实现相应的经济增长和碳减排目标，其调整对象是各部门的总产出，各部门最终消费的调整对经济增长和碳排放的影响与本研究的主要研究目的无关。因此，在优化过程中需要保证各部门的最终消费不变。

（3）除技术条件以外的其他影响因素不变。由于本研究中的产业结构优化模型的核心思想就是利用部门间在碳排放和经济效益上的区别来得到不同的调整幅度，以为碳减排目标下各部门间的差异化调整方案的设计提供参考。部门间的技术差异（碳排放强度）是造成部门间碳排放差异的核心因素，在现有优化模型中被广泛用来作为部门生产规模调整的依据。本研究的主要研究目的是通过纳入产业链结构因素的影响来提高现有产业结构优化模型的效果，以证明在优化过程中考虑单个部门生产活动的变动在产业链中引起的级联效应的必要性，突破现有优化模型主要考虑技术因素的局限。因此，在本研究所建立的产业结构优化模型中，暂不考虑供需关系、法律政策、就业需求等因素的影响。

5.2.3.2　目标函数

（1）结构效应函数。由前述研究可知，部门生产活动和碳排放受到部门在全球产业链结构中的位置的影响。利用这种系统性的结构效应充分扩大各部门生产规模调整对整体产业链碳减排的影响，有利于通过有限的部门生产规模调整实现全球经济增长和碳减排目标。因此，在传统的产业结构优化模型的基础上，增加产业链网络结构效应最小化目标函数。由结构系数的定义可知，部门的结构系数越大，受到其他部门对本部门的碳排放直接或者间接的促进作用越强，从而在生产过程中产生的碳排放越高。控制这些部门的生产规模有利于反向对其他部门产生系统性的影响，从而最大化部门总产出变化对其他部门的带动效应。因此，建立结构效应目标函数：

$$\min s = \sum_j sc_j X_j \qquad (5-3)$$

其中，X_j 为部门 j 的总产出。sc_j 为部门 j 的结构系数。$sc_j X_j$ 表示部门 j 在产业链中受到的结构效应的影响。

（2）碳排放函数。在碳约束下的产业结构优化研究中，降低各部门在生产过程中的直接碳排放是主要目的。因此，建立碳排放目标函数：

$$\min E = \sum_j e_j X_j \qquad (5-4)$$

其中，X_j 为部门 j 的总产出。e_j 为部门 j 的碳排放强度。$e_j X_j$ 表示部门 j 的碳排放总量。

（3）经济效益函数。在实现碳减排的同时，需要尽可能保证经济的平稳发展。因此，建立经济效益目标函数：

$$\max G = \sum_j X_j \left(1 - \sum_i a_{ij}\right) \qquad (5-5)$$

其中，X_j 为部门 j 的总产出。a_{ij} 为直接消耗系数，表示部门 j 的单位总产出消耗的部门 i 的中间产品的数量。$X_j \left(1 - \sum_i a_{ij}\right)$ 表示部门 j 的增加值。

5.2.3.3 约束条件

（1）投入产出平衡约束。在产业结构优化模型中，各部门总产出的变化需要保证优化后的投入产出表的基本结构不被破坏，即保持行列平衡，因此，优化后的各部门总产出需要满足投入产出平衡约束：

$$\sum_j a_{ij} X_j + y_i = X_i \qquad (5-6)$$

其中，X_j 为部门 j 的总产出。a_{ij} 为直接消耗系数，表示部门 j 的单位总产出消耗的部门 i 的中间产品的数量。y_i 表示部门 i 的最终消费。X_i 表示部门 i 的总产出。

（2）碳减排约束。由于本研究中的产业结构优化模型所要实现的基本目标是碳减排，因此，优化后的产业链所产生的碳排放需要小于优化前的碳排放，并且碳减排幅度需要符合合理的变化率。由此得到碳减排约束如下：

$$\sum_j e_j X_j \leq \sum_j e_j X_j'(1 - r) \qquad (5-7)$$

其中，X_j 为优化后部门 j 的总产出。e_j 为部门 j 的碳排放强度。$e_j X_j$ 表示优

化后部门 j 的碳排放总量。X'_j 为优化前部门 j 的总产出。$e_j X'_j$ 为优化前部门 j 的碳排放总量。r 为优化后的全球碳排放总量相较于优化前的变化率。

（3）经济增长约束。为了保证社会的稳定和正常发展，碳减排目标的实现需要保证经济发展不受损。因此，优化后的产业链所达到的 GDP 需要大于优化前的 GDP，并且 GDP 的增长幅度需要符合合理的变化率。由此得到经济增长约束如下：

$$\sum_j X_j \left(1 - \sum_i a_{ij}\right) \geqslant \sum_j X'_j \left(1 - \sum_i a_{ij}\right)(1 + p) \qquad (5-8)$$

其中，X_j 为优化后的部门 j 的总产出。a_{ij} 为直接消耗系数，表示部门 j 的单位总产出消耗的部门 i 的中间产品的数量。$X_j \left(1 - \sum_i a_{ij}\right)$ 为优化后各部门增加值，即 GDP。X'_j 为优化前的部门 j 的总产出。$X'_j \left(1 - \sum_i a_{ij}\right)$ 为优化前各部门增加值。p 为优化后的全球 GDP 相较于优化前的变化率。

（4）部门生产扩张约束。部门生产扩张约束是为了避免经济过大波动，使得产业规模限制在一定幅度内变动：

$$k_1 \leqslant \frac{X_j}{X'_j} \leqslant k_2 \qquad (5-9)$$

其中，X_j 为优化后的部门 j 的总产出。X'_j 为优化前的部门 j 的总产出。k_1 和 k_2 分别为部门总产出变化的下限和上限。

（5）非负约束。考虑决策变量的实际意义，所有决策变量（总产出）需要满足非负约束。

$$X_j \geqslant 0 \qquad (5-10)$$

5.2.3.4　情景设置

本研究事先不区分目标函数主次或者赋予权重，也未将多目标转化为单目标，而是直接基于 NSGA-Ⅱ 算法求出多目标优化模型的帕累托最优解集，得到对应的一系列目标函数值。理论上来说，帕累托最优解集中的最优解都满足模型的要求。由于模型两个目标函数之间的矛盾性，GDP 规模的增大就意味着生产活动中会产生更多的碳排放。因此，在从帕累托最优解集中选择最优解时，可以通过设置 GDP 和碳排放两个目标值的权重来选择有侧重点的决策值，来作为不同情景下的优化方案。

为消除目标值的量纲和数量级影响，且保留差异程度方面的信息，可先采用均值化方法，进行数值的同度量处理，再按照需要来设定规则，从中选择符合要求的方案。令 $Z = -\theta_1 G + \theta_2 E$，其中，$\theta_1$、$\theta_2$ 分别表示 GDP 目标值和碳排放目标值的权重，满足 $\theta_1 + \theta_2 = 1$，以 Z 值最小为方案选择标准。为了考察不同经济增长和碳减排目标对产业链优化的影响，得到以下三种优化方案。

（1）"增长偏向型"方案。以经济增长为核心，取 $\theta_1 = 1$，$\theta_2 = 0$。

（2）"低碳偏向型"方案。以碳减排为核心，取 $\theta_2 = 1$，$\theta_1 = 0$。

（3）"均衡型"方案。取 $\theta_1 = \theta_2 = 0.5$，即认为经济增长和碳减排同样重要。

5.3 全球产业结构优化

5.3.1 全球产业结构优化模型

在全球产业链中，各国（地区）是具有一定的独立性的经济个体。因此，在保证全球经济增长和碳减排目标的前提下，需要保证各国（地区）在全球产业链结构调整的过程中受益。另外，由于不同产业部门单位产出所产生的经济效益和碳排放的不同，在优化调整过程中难免会产生一定的部门偏向性，即重点发展某些部门，而消减其他部门的产出份额，这样的话会造成某些部门产品的短缺，破坏全球经济的稳定性。因此，在优化调整过程中需要保证全球产业基本结构不变，保证各行业在全球产业结构优化后仍然能保持均衡发展的现状，避免出现某一产品的短缺，产业部门产出份额在不同国家（地区）之间根据各自的优势进行合理再分配。因此，在产业结构优化基本模型的基础上，增加了不同国家（地区）经济变化约束和全球产业结构变化约束，从而建立全球产业结构优化模型：

$$\min s = \sum_r \sum_j sc_j^r X_j^r$$

$$\min E = \sum_r \sum_j e_j^r X_j^r \qquad (5-11)$$

$$\max G = \sum_r \sum_j X_j^r \left(1 - \sum_s \sum_i a_{ij}^{sr}\right)$$

$$
\text{s. t}
\begin{cases}
\sum_r \sum_j a_{ij}^{sr} X_j^r + y_i^s = X_i^s \\[2ex]
\sum_r \sum_j X_j^r \left(1 - \sum_s \sum_i a_{ij}^{sr}\right) \geqslant (1 + p) \sum_r \sum_j X_j^{r'} \left(1 - \sum_s \sum_i a_{ij}^{sr}\right) \\[2ex]
\sum_r \sum_j e_j^r X_j^r \leqslant (1 - r) \sum_r \sum_j e_j^r X_j^{r'} \\[2ex]
\sum_j X_j^r \left(1 - \sum_s \sum_i a_{ij}^{sr}\right) \geqslant (1 + p^r) \sum_j X_j^{r'} \left(1 - \sum_s \sum_i a_{ij}^{sr}\right) \\[2ex]
\sum_r X_j^r \geqslant \sum_r X_j^{r'} \\[2ex]
k_1 \leqslant \dfrac{X_j^r}{X_j^{r'}} \leqslant k_2 \\[2ex]
X_j^r \geqslant 0
\end{cases}
$$

对其中的目标函数、约束条件和参数设置的具体解释如下。

5.3.1.1　目标函数

全球产业结构优化模型的目标函数与产业链优化基础模型保持一致，分别为结构效应函数、经济效益函数和碳排放函数。

（1）结构效应函数：

$$
\min s = \sum_r \sum_j sc_j^r X_j^r \tag{5-12}
$$

其中，X_j^r 为国家（地区）r 的部门 j 的总产出。sc_j^r 为国家（地区）r 的部门 j 的结构系数。$sc_j^r X_j^r$ 表示国家（地区）r 的部门 j 在全球产业链中受到的结构效应的影响。

（2）经济效益函数：

$$
\max G = \sum_r \sum_j X_j^r \left(1 - \sum_s \sum_i a_{ij}^{sr}\right) \tag{5-13}
$$

其中，X_j^r 为国家（地区）r 的部门 j 的总产出。a_{ij}^{sr} 为直接消耗系数，表示国家（地区）r 的部门 j 的单位总产出消耗的国家（地区）s 的部门 i 的中间产品的数量。$X_j^r \left(1 - \sum_s \sum_i a_{ij}^{sr}\right)$ 表示国家（地区）r 的部门 j 的增加值。

（3）碳排放函数：

$$
\min E = \sum_r \sum_j e_j^r X_j^r \tag{5-14}
$$

其中，X_j^r 为国家（地区）r 的部门 j 的总产出。e_j^r 为国家（地区）r 的部

门 j 的碳排放强度。$e_j^r X_j^r$ 表示国家（地区）r 的部门 j 的碳排放总量。

5.3.1.2 约束条件

（1）投入产出平衡约束：

$$\sum_r \sum_j a_{ij}^{sr} X_j^r + y_i^s = X_i^s \qquad (5-15)$$

其中，X_j^r 为国家（地区）r 的部门 j 的总产出。a_{ij}^{sr} 为直接消耗系数，表示国家（地区）r 的部门 j 的单位总产出消耗的国家（地区）s 的部门 i 的中间产品的数量。y_i^s 表示国家（地区）s 的部门 i 的最终消费。X_i^s 表示国家（地区）s 的部门 i 的总产出。

（2）经济增长约束：

$$\sum_r \sum_j X_j^r \left(1 - \sum_s \sum_i a_{ij}^{sr}\right) \geq (1+p) \sum_r \sum_j X_j^{r'} \left(1 - \sum_s \sum_i a_{ij}^{sr}\right)$$

$$(5-16)$$

其中，X_j^r 为优化后国家（地区）r 的部门 j 的总产出。a_{ij}^{sr} 为直接消耗系数，表示国家（地区）r 的部门 j 的单位总产出消耗的国家（地区）s 的部门 i 的中间产品的数量。$\sum_j X_j^r \left(1 - \sum_s \sum_i a_{ij}^{sr}\right)$ 为优化后国家（地区）r 的 GDP 总量。$X_j^{r'}$ 为优化前国家（地区）r 的部门 j 的总产出。$\sum_j X_j^{r'} \left(1 - \sum_s \sum_i a_{ij}^{sr}\right)$ 为优化前国家（地区）r 的 GDP 总量。p 为优化后的全球 GDP 相较于优化前的变化率。

（3）碳减排约束：

$$\sum_r \sum_j e_j^r X_j^r \leq (1-r) \sum_r \sum_j e_j^r X_j^{r'} \qquad (5-17)$$

其中，X_j^r 为优化后的国家（地区）r 的部门 j 的总产出。e_j^r 为国家（地区）r 的部门 j 的碳排放强度。$e_j^r X_j^r$ 表示优化后国家（地区）r 的部门 j 的碳排放总量。$X_j^{r'}$ 为优化前的国家（地区）r 的部门 j 的总产出。$e_j^r X_j^{r'}$ 表示优化前国家（地区）r 的部门 j 的碳排放总量。r 为优化后的碳排放相对于优化前的变化率。

（4）各国经济变化约束：

$$\sum_j X_j^r \left(1 - \sum_s \sum_i a_{ij}^{sr}\right) \geq (1+p^r) \sum_j X_j^{r'} \left(1 - \sum_s \sum_i a_{ij}^{sr}\right) \quad (5-18)$$

其中，X_j^r 为优化后国家 r 的部门 j 的总产出，a_{ij}^{sr} 为国家 r 的部门 j 每单位产

出需要国家 s 的部门 i 的产品投入。$\sum_j X_j^r (1 - \sum_s \sum_i a_{ij}^{sr})$ 表示优化后国家 r 的 GDP 总量。$X_j^{r'}$ 为优化前国家 r 的部门 j 的总产出。$\sum_j X_j^{r'} (1 - \sum_s \sum_i a_{ij}^{sr})$ 表示优化前国家 r 的 GDP 总量。

（5）全球产业结构变化约束：

$$\sum_r X_j^r \geqslant \sum_r X_j^{r'} \tag{5-19}$$

其中，X_j^r 为优化后国家 r 的部门 j 的总产出，$X_j^{r'}$ 为优化前国家 r 的部门 j 的总产出。$\sum_r X_j^r$ 表示优化后各国的部门 j 总产出之和，表示优化后全球部门 j 的总产出总量。$\sum_r X_j^{r'}$ 表示优化前各国的部门 j 总产出之和，表示优化前全球部门 j 的总产出总量。

（6）部门生产扩张约束。部门生产扩张约束是为了避免经济过大波动，使得产业规模限制在一定幅度内变动：

$$k_1 \leqslant \frac{X_j^r}{X_j^{r'}} \leqslant k_2 \tag{5-20}$$

其中，X_j^r 为优化后的国家（地区）r 的部门 j 的总产出。$X_j^{r'}$ 为优化前的国家（地区）r 的部门 j 的总产出。k_1 和 k_2 分别为部门总产出变化的下限和上限。

（7）非负约束。考虑决策变量的实际意义，所有决策变量（总产出）需要满足非负约束：

$$X_j^r \geqslant 0 \tag{5-21}$$

5.3.1.3　参数设置

全球产业结构优化模型中的各参数的具体设置如表 5-3 所示。

表 5-3　　　　　　　　全球产业结构优化模型参数设置

参数	参数解释	参数值
p	全球 GDP 增长率	3.65%
r	全球碳减排率	5.15%
μ^s	国家（地区）r 的 GDP 增长下限	2017 年度的国家（地区）r 的 GDP 增长率
k_1	各部门总产出变化的下限	0.7
k_2	各部门总产出变化的上限	1.3

各参数的具体设置依据如下所述。

（1）全球 GDP 增长率。根据 2024 年世界银行发布的《全球经济展望》中对全球经济增长的预测结果显示，短期内全球经济增长率有可能保持在 2.6% 左右。在这种经济增长率下，全球经济将处于持续低迷的状态。其中，作为有效带动全球经济增长的新兴经济体和发展中国家，世界银行预估短期内平均增长率可能为 4% 左右。因此，就目前的经济发展形式，在一定的时期内全球经济增长率可能会处于 2.6% ~4% 的范围内。因此，设定 GDP 增长率 p 为全球 GDP 增长率可能变动范围的中间值为 3.3%。

（2）全球碳减排率。根据联合国环境规划署（UNEP）发布的有关报告，如果要实现全球升温控制在工业化前 2℃ 以内的温控目标，在 2020 ~2030 年全球碳排放量需要每年减少 2.7%；如果要实现全球升温控制在工业化前 1.5℃ 以内的温控目标，在 2020 ~2030 年全球碳排放量需要每年减少 7.6%。因此，要实现对于全球气候变暖现象的有效控制，全球碳减排幅度需要控制在 2.7% ~7.6% 的区间内。因此，设定碳减排率 r 在全球碳减排率上下限的中间值为 5.15%。

（3）各国（地区）GDP 增长率。由于采用的数据为 1995 ~2016 年的全球投入产出表数据，因此，以 2016 年的投入产出数据作为优化调整的基准数据，通过优化模型模拟下一年度的各部门总产出变化情况。因此，为了尽可能符合各区域各国的真实经济发展情况，保证各国基本的经济利益，以真实的 2017 年度的 GDP 增长率作为各国或者地区经济增长的下限。

（4）部门总产出调整的上下限。部门总产出变化的上限和下限取决于经济发展速度。由于全球各部门发展的复杂性，为了保证既定优化目标的实现，根据多次模拟实验结果将部门总产出调整的上限和下限分别设为 1.3 和 0.7。

5.3.2 全球产业结构优化效果

5.3.2.1 目标值对比

由表 5 -4 可知，在不同的情景下，改进后的全球产业结构优化模型都能够较为显著地实现经济增长和碳减排目标。增长偏向型情景下得到的 GDP 增长幅度最高，低碳偏向型情景下得到的碳减排幅度最大，均衡型情景得到的 GDP 增长幅度和碳减排幅度居中。在增长偏向型情景下，改进优化模型和传统优化模型得到的 GDP 总量分别为 5.753×10^7 百万欧元和 5.727×10^7 百万欧元，相较于优化前的增长率分别为 15.830% 和 15.303%，改进优化模型的 GDP 增长量略大于传统优化模型；得到的碳排放总量分别为 2.817×10^{13} 千克和 2.837×10^{13} 千克，相较于优化前的减排率分别为 5.811% 和 5.179%，改进优化模型的碳减排量略大于传统优化模型。在低碳偏向型情景下，改进优化模型和传统优化模型得到的 GDP 总量分别为 5.272×10^7 百万欧元和 5.366×10^7 百万欧元，相较于优化前的增长率分别为 6.147% 和 8.041%，改进优化模型的 GDP 增长量小于传统优化模型；得到的碳排放总量分别为 2.596×10^{13} 千克和 2.727×10^{13} 千克，相较于优化前的减排率分别为 13.203% 和 8.824%，改进优化模型的碳减排量显著大于传统优化模型。在均衡型情景下，改进优化模型和传统优化模型得到的 GDP 总量分别为 5.507×10^7 百万欧元和 5.366×10^7 百万欧元，相较于优化前的增长率分别为 10.866% 和 8.041%，改进优化模型的 GDP 增长量大于传统优化模型；得到的碳排放总量分别为 2.652×10^{13} 千克和 2.727×10^{13} 千克，相较于优化前的减排率分别为 11.321% 和 8.824%，改进优化模型的碳减排量大于传统优化模型。总体来说，改进后的优化模型比传统优化模型具有更好的优化效果，尤其是在实现碳减排目标时，这说明考虑产业链结构因素影响时能够充分发挥单个部门生产活动的变化对于整体产业链的级联影响，从而最大化部门生产活动调整带来的经济增长和碳减排效果。

表 5 - 4　　　　　　　　　优化后的全球 GDP 与碳排放

情景	模型	目标值		目标值变化率	
		GDP（百万欧元）	碳排放（千克）	GDP 变化率（%）	碳排放碳化率（%）
增长偏向型	改进	5.753×10^7	2.817×10^{13}	15.830	-5.811
	传统	5.727×10^7	2.837×10^{13}	15.303	-5.179
低碳偏向型	改进	5.272×10^7	2.596×10^{13}	6.147	-13.203
	传统	5.366×10^7	2.727×10^{13}	8.041	-8.824
均衡型	改进	5.507×10^7	2.652×10^{13}	10.866	-11.321
	传统	5.366×10^7	2.727×10^{13}	8.041	-8.824

资料来源：作者根据 EXIOBASE 投入产出表计算所得。

5.3.2.2　总产出变化幅度对比

为了量化优化后各部门总产出相较于优化前的变化幅度，参照标准差的概念建立总产出变化幅度：

$$s = \sqrt{\frac{\sum\limits_{j} (X_j - X'_j)^2}{n}} \qquad (5-22)$$

其中，X_j 为优化后部门 j 的总产出，X'_j 为优化前部门 j 的总产出。n 为部门个数。

由表 5 - 5 可知，在三种不同的情景下，改进后的全球产业结构优化模型得到的各部门总产出相较于优化前都具有显著的变化。其中，在低碳偏向型情景下，各部门总产出整体变化幅度最小，在增长偏向型情景下，各部门总产出整体变化幅度最大。这说明对于全球产业链来说，碳减排目标比经济增长目标更容易实现，碳减排目标的实现对于全球产业链结构的冲击更小。因此，对于各国政府来说，在进行碳减排的同时仍然维持经济的稳定增长是产业结构调整的重要目标。在增长偏向型和低碳偏向型情景下，改进优化模型下的各部门总产出整体变化幅度都要小于传统优化模型。这说明，在侧重于单一优化目标的情景下，通过改进优化模型的优化方案，各部门通过更小的调整幅度就可以获得与传统优化模型一致或者大于传统优化模型的优化效果。因此，在实现经济增长或者碳减排目标时，利用改进优化模型的优化方案的话，所付出的成本要显著小于传统优化模型。

表 5 - 5　　　　　　　　　　**优化后全球部门总产出变化幅度**　　　　　单位：百万欧元

情景	改进优化模型	传统优化模型
增长偏向型	2 890 947	2 919 488
低碳偏向型	1 549 795	1 761 774
均衡型	2 673 976	1 761 774

资料来源：作者根据 EXIOBASE 投入产出表计算所得。

5.3.2.3　产业链网络结构对比

由表 5 - 6 可知，在低碳偏向型和均衡型情景下，改进后的全球产业结构优化模型得到的各部门生产活动优化调整方案都能够使得生产过程中大的直接碳排放流动量和间接碳排放流动量都显著减小。这说明在这两种情景下，经过部门总产出的优化调整后生产过程中的碳排放转移明显减少，降低了生产活动对于高碳排产品的依赖性。在增长偏向型情景下，优化后的全球产业链中的直接碳排放流动量和间接碳排放流动量相较于优化前有所增长。这表明全球经济的增长仍然不能离开一些高碳排部门及其产品的支持，如能源和矿产等资源。在三种不同的情景下，改进优化模型下的全球产业链网络中的碳排放流动量都明显小于传统优化模型，这说明改进优化模型在减小整体生产过程中的碳排放转移方面具有更好的效果。

表 5 - 6　　　　　　　　　优化后的产业链网络结构变化

情景	模型	产业链平均碳排放流动量（千克）		平均碳排放流动量变化率（%）	
		直接	间接	直接	间接
增长偏向型	改进	6.949×10^{6}	2.086×10^{7}	1.130	1.209
	传统	7.205×10^{6}	2.162×10^{7}	4.845	4.889
低碳偏向型	改进	6.592×10^{6}	1.972×10^{7}	-4.076	-4.319
	传统	6.907×10^{6}	2.066×10^{7}	0.512	0.255
均衡型	改进	6.792×10^{6}	2.034×10^{7}	-1.163	-1.298
	传统	6.907×10^{6}	2.066×10^{7}	0.512	0.255

资料来源：作者根据 EXIOBASE 投入产出表计算所得。

5.3.3　全球产业结构优化结果

5.3.3.1　优化后的全球各部门总产出变化

由于采用的是全球投入产出表，总共包含了 1 274 个部门，难以对每个部门的总产出变化情况进行分析，因此，选择总产出排名前 30 的重点部门进行分析，如表 5 - 7 所示。由表可知，在三种情景下，优化后的总产出增长较大的部门包括 DE26（德国的"公共管理，垃圾处理，教育，健康，娱乐及其他服务业"）、JP25（日本的"金融中企业与商业"）、CN22（中国的"汽车销售及售后服务、贸易以及餐饮业"）、US22（美国的"汽车销售及售后服务、贸易以及餐饮业"）等。这些部门都为服务行业，这是因为通常情况下服务行业产值高且产生的直接碳排放很少，在经济增长和碳减排的目标下发展价值高。并且，这些部门所在国家多为美国、德国、日本、中国等经济条件较好的国家，服务行业设施较为健全，服务行业具有比较大的消费市场，也为其生产规模的扩大提供了可能性。优化后的总产出减小较大的部门包括 CN15（中国的"石油、化工及非金属矿产加工业"）、CN16（中国的"金属及金属制品加工业")、CN21（中国的"建筑业"）等。其中，"石油、化工及非金属矿产加工业"和"金属及金属制品加工业"属于原材料及初级产品加工部门，其生产过程需要消耗大量的能源，因此会排放出大量的碳排放，并且相对于高端设备制造业来说，原材料及初级产品加工得到的产品附加值相对较低。建筑业本身需要大量的钢铁、水泥等产品的投入，这些产品的生产过程中会消耗大量的能源，进而排放大量的二氧化碳。另外，这些部门都属于中国。近年来，中国经济的迅速发展多依赖于原材料及初级产品加工，大量进口原油、铁矿石等原材料，进行加工之后用于国内消费市场或者出口国外。另外，国内的房地产业的快速发展以及基础设施建设的开展过程中消耗了大量的能源、钢铁以及其他产品。这些行业的发展加速了碳排放的产生，促使中国成为了全球第一大碳排放国。因此，实现全球碳减排目标，其核心关键突破点在于中国的这些重要的碳排放部门。

表 5 - 7   优化后全球各部门总产出变化（排名前 30）

序号	部门	增长偏向型		低碳偏向型		均衡型	
		总产出（百万欧元）	变化率（%）	总产出（百万欧元）	变化率（%）	总产出（百万欧元）	变化率（%）
1	US25	8 372 286	30.0	6 760 727	4.9	8 253 647	28.1
2	US26	6 251 716	27.8	4 605 802	− 5.8	6 030 663	23.3
3	CN17	3 178 191	23.2	2 825 864	9.5	3 346 764	29.7
4	US22	2 416 512	30.0	2 199 216	18.3	2 271 696	22.2
5	CN15	1 203 635	− 27.7	1 170 924	− 29.7	1 170 799	− 29.7
6	JP26	1 941 136	27.2	1 099 151	− 28.0	1 869 365	22.5
7	JP25	1 811 204	28.4	1 800 586	27.7	1 767 189	25.3
8	CN26	1 546 564	21.7	1 466 533	15.4	1 542 066	21.4
9	US24	1 563 261	25.9	1 534 871	23.6	1 349 807	8.7
10	CN25	1 457 299	19.0	1 578 712	29.0	1 341 623	9.6
11	US17	1 558 566	29.2	1 375 221	14.0	1 354 718	12.3
12	GB25	1 493 770	25.2	1 523 428	27.7	1 467 025	23.0
13	US15	1 150 287	3.9	778 574.4	− 29.7	777 650.7	− 29.8
14	CN21	773 628.9	− 29.9	915 452.5	− 17.0	801 818.7	− 27.3
15	DE25	1 403 967	28.9	1 329 573	22.1	1 257 827	15.5

序号	部门	增长偏向型		低碳偏向型		均衡型	
		总产出 （百万欧元）	变化率 （%）	总产出 （百万欧元）	变化率 （%）	总产出 （百万欧元）	变化率 （%）
16	CN18	1 223 766	19.5	1 065 512	4.0	1 061 731	3.6
17	CN16	717 016.9	−25.9	697 371.9	−27.9	685 276.8	−29.2
18	DE26	1 230 590	30.0	1 225 960	29.5	1 230 101	29.9
19	GB26	903 334.2	−4.3	767 148.3	−18.8	765 301.7	−19.0
20	FR25	902 363.8	2.3	990 761.7	12.4	936 776	6.3
21	US21	952 408.5	12.6	668 115	−21.0	630 459.1	−25.5
22	CN12	716 082.2	−13.6	632 637.4	−23.7	649 034.1	−21.7
23	JP17	937 714.2	24.1	969 531.9	28.3	882 841	16.8
24	US18	957 747	27.5	608 170.9	−19.0	729 223.5	−2.9
25	CN22	946 526.5	28.9	877 755.1	19.6	946 738.7	29.0
26	FR26	903 571.8	23.8	925 453.1	26.8	922 912.9	26.4
27	KR17	907 872.8	28.7	805 753.6	14.2	865 308	22.7
28	JP15	632 286	−8.5	502 837.6	−27.2	540 538.8	−21.7
29	IT25	751 515.8	25.2	672 616.4	12.1	699 395.9	16.5
30	WA25	574 029.1	−1.1	584 928.5	0.8	520 579.4	−10.3

注：各部门编码为国家代码和部门代码的组合，国家代码见附表 1，部门代码见附表 2，如 CN15 表示中国的"石油、化工及非金属矿产加工业"。

资料来源：作者根据 EXIOBASE 投入产出表计算所得。

　　不同情景下各部门总产出变化幅度差别较为明显的部门包括 JP26（日本的"公共管理、垃圾处理、教育、健康、娱乐及其他服务业"）、US18（美国的"运输设备制造业"）、US26（美国的"公共管理、垃圾处理、教育、健康、娱乐及其他服务业"）、US21（美国的"建筑业"）、US15（美国的"石油、化工及非金属矿产加工业"）、US25（美国的"金融中介业与商业"）、CN17（中国的"电气和机械制造业"）等。在增长偏向型情景下，日本的"公共管理、垃圾处理、教育、健康、娱乐及其他服务业"、美国的"运输设备制造业""公共管理、垃圾处理、教育、健康、娱乐及其他服务业""建筑业""石油、化工及非金属矿产加工业"的总产出具有明显的增长；而在低碳偏向型情景下，这些部门的总产出在优化后明显减少。美国的"金融中介业与商业"和中国的"电气和机械制造业"在增长偏向型和低碳偏向型两种情景下，优化后的总产出均有所增长，但是在增长偏向型情景下的增长幅度显著高于低碳偏向型情景。这些现象都说明这些部门的产品或者服务虽然具有较为显著的经济价值，能够有效带动全球经济的增长，但是这些部门的生产活动同时会排放出大量的碳排放，促进全球碳排放的增长。

5.3.3.2 不同层次国家（地区）各部门总产出变化

根据世界银行的分类标准，将所涉及的 44 个国家按人均收入分成三类：高收入国家、中等收入国家和低收入国家。由图 5 - 4 可知，为了全球经济增长和碳排放目标的实现，不同层次国家之间需要根据自身的情况采取差异化的优化调整方案。在同一层次国家中，在不同的发展情景下，其产业优化调整的重点也存在区别。

在增长偏向型情景下，高收入国家中优化后总产出增长最明显的部门包括"汽车销售及售后服务、贸易以及餐饮业""金融中介业与商业""公共管理、垃圾处理、教育、健康、娱乐及其他服务业""邮政和电信业"等，这表明服务行业是带动高收入国家经济增长的主要产业；优化后总产出减小最明显的部门包括"生奶业""纺织和皮革加工业""乳制品及蛋生产业""养牛业""肉类加工业""电、煤气和水供应业"等，这表明相对于高收入国家的其他部门来说，农业及其产品加工业、轻工业以及能源部门的产品附加值较低。中等收入国家中优化后总产出增长最明显的部门包括"公共管理、垃圾处理、教育、健康、娱乐及其他服务业""金融中介业与商业""汽车销售及售后服务、贸易以及餐饮业""制造和回收业""电气和机械制造业""运输设备制造业"等，这表明服务行业和高端制造业能够有效带动中等收入国家的经济增长；优化后总产出减小最明显的部门包括"建筑业""金属及金属制品加工业""电、煤气和水供应业""石油、化工及非金属矿产加工业"等，这表明相对于中等收入国家的其他部门来说，建筑业、原材料及初级产品加工业和能源部门的产品附加值较低。低收入国家中优化后总产出增长最明显的部门包括"建筑业""电、煤气和水供应业""公共管理、垃圾处理、教育、健康、娱乐及其他服务业""运输设备制造业"等，这表明完善的基础设施建设、公共管理以及充足的能源供应能够有效带动低收入国家的经济增长；优化后总产出减小最明显的部门包括"养牛业""电气和机械制造业""生奶业""林业"等，这表明畜牧业、林业以及高端制造业对于低收入国家来说发展价值较低。

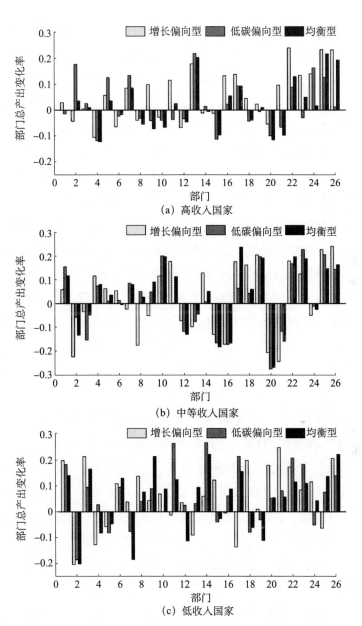

图 5-4　不同层次国家各部门总产出变化

注：部门代码见附表2。

资料来源：作者根据 EXIOBASE 投入产出表计算所得。

在低碳偏向型情景下，高收入国家中优化后总产出增长最明显的部门包括"林业""养牛业""邮政和电信业""牛肉生产业""金融中介业与商业"

等，这表明高收入国家中的林业、牛肉加工产业以及部分服务行业的碳排放量较低；优化后总产出减小最明显的部门包括"生奶业""石油、化工及非金属矿产加工业""电、煤气和水供应业""建筑业"等，这表明高收入国家的生奶业、原油及非金属加工行业、能源部门、建筑业的碳排放量较高。中等收入国家中优化后总产出增长最明显的部门包括"运输业""金融中介业与商业""汽车销售及售后服务、贸易以及餐饮业""制造和回收业"等，这表明中等收入国家的服务行业以及循环产业的碳排放较低；优化后总产出减小最明显的部门包括"电、煤气和水供应业""金属及金属制品加工业""石油、化工及非金属矿产加工业""建筑业"等，这表明中等收入国家的能源部门、原材料及初级产品加工业、建筑业的碳排放量较高。低收入国家中优化后总产出增长最明显的部门包括"木材、纸张加工和出版业""采掘业""运输业""汽车销售及售后服务、贸易以及餐饮业"等，这表明低收入国家中的木材加工、原材料开采以及部分服务行业的碳排放较低；优化后总产出减小最明显的部门包括"养牛业""渔业""运输设备制造业""牛肉生产业"等，这表明低收入国家的养牛及牛肉加工、渔业、高端制造业的碳排放量较高。

在均衡型情景下，高收入国家中优化后总产出增长最明显的部门包括"金融中介业与商业""林业""公共管理、垃圾处理、教育、健康、娱乐及其他服务业""汽车销售及售后服务、贸易以及餐饮业"等，这表明林业及服务行业的发展有利于高收入国家的经济增长和碳减排；优化后总产出减小最明显的部门包括"生奶业""电、煤气和水供应业""建筑业""石油、化工及非金属矿产加工业"，这表明能源部门、建筑业以及原油和非金属加工不利于高收入国家的经济增长和碳减排。中等收入国家中优化后总产出增长最明显的部门包括"电气和机械制造业""汽车销售及售后服务、贸易以及餐饮业""运输业""制造和回收业"等，这表明服务行业及循环产业的发展有利于中等收入国家的经济增长和碳减排；优化后总产出减小最明显的部门包括"电、煤气和水供应业""石油、化工及非金属矿产加工业""金属及金属制品加工业""建筑业"等，这表明能源部门、原材料及初级产品加工和建筑业的发展不利于中等收入国家的经济增长和碳减排。低收入国家中优化后总产出增长最明显的部门包括"木材、纸张加工和出版业""公共管理、垃圾处理、教育、健康、娱乐及其他服务业""饮料和烟草加工业""畜牧业"等，这表明轻工业、公共型服务业以及畜牧业（牛除外）的发展有利于低收入国家的经济增长和碳减排；优化后总产出减小最明显的部门包括"养牛业""牛肉生产业""纺织和皮革加工业""制造和回收业"等这表明养牛及其产品加工、服装行业和循环产业不利于低收入国家的经济增长和碳减排。

总体来说，要保证全球经济增长和碳减排目标的实现，高收入国家应该继续保证本国服务行业的发展，因为高收入国家的服务行业设施和制度较为健全，其服务价值含量高且经济和环境成本较低，同时服务行业具有比较大的消费市场，也为其生产规模的扩大提供了可能性。中等收入国家需要合理控制原材料及初级产品加工行业和建筑业的继续增长，同时鼓励服务行业、循环产业以及高端制造业的发展，实现经济重心由产业链上游向产业链中下游转移。这是因为一方面，随着中等收入国家的发展，其资金、技术逐渐积累，并且基础设施渐趋完善，具备进行产业结构升级的条件；另一方面，中等收入国家的资源、劳动力成本逐渐上升，产业链上游部门的发展消耗了大量的能源，但是带来的经济边际效益逐渐递减，因此需要进行及时调整。低收入国家应该鼓励建筑业、公共型服务业以及基础性农业的发展。这是因为由于低收入国家普遍的技术劣势，发展高附加值的加工制造业可能会导致资源和能源的浪费，产生不必要的碳排放，不利于全球碳排放目标的实现。对于低收入国家来说，经济发展的首要目标是保障民众的基本生活，需要利用有限的资源大力发展基础设施，为下一步发展做好准备。

5.3.3.3　优化后的全球各国（地区）经济和环境表现

由图 5-5 可知，在保障全球各国经济增长的前提下，不同的情景下优化后各国或者地区的经济增长和碳减排存在显著的区别。在增长偏向型情景下，优化后碳减排幅度较大的国家为中国、印度、美国，优化后碳排放增长幅度较大的国家为法国、英国、俄罗斯、德国。在低碳偏向型情景下，优化后大多数重要国家或者地区的碳排放都有明显减少，最为显著的仍然是中国、印度、美国，优化后碳排放增长幅度较大的国家为法国等。在均衡型情景下，优化后碳减排幅度较大的国家为中国、印度、美国，优化后碳排放增长幅度较大的国家为法国和英国。

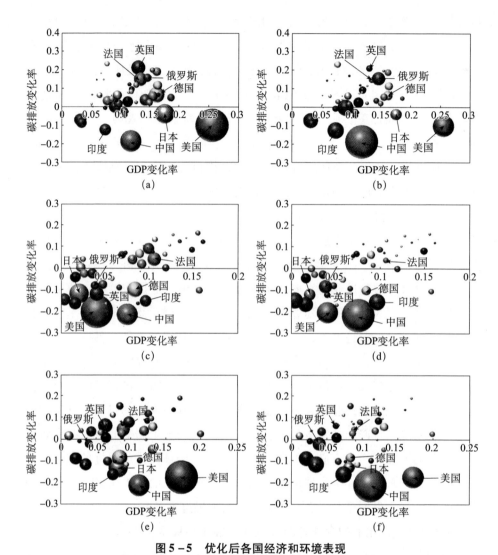

图 5-5 优化后各国经济和环境表现

注:(a)和(b)为增长偏向型;(c)和(d)为低碳偏向型;(e)和(f)为均衡型。(a)(c)(e)的散点大小表示各国优化前 GDP 总量;(b)(d)(f)的散点大小表示各国优化前碳排放总量。

资料来源:作者根据 EXIOBASE 投入产出表计算所得。

总体来说,优化后碳排放减小幅度较大的国家为中国、印度和美国。通过图 5-5(b)(d)(f)可以看出,中国、印度和美国是全球排名前三的碳排放大国。因此,全球碳排放总量的减少首先在于控制中国、美国和印度的碳排放总量。相比于其他国家,由于中国、美国和印度的碳排放基数比较大,这三国碳排放总量的减少能够起到更为明显的效果。通过图 5 - 5（a）和（b）、（c）和（d）、（e）和（f）各自的对比可以看出，中国的 GDP 总量小于美国，与日本相近，印度的 GDP 总量远小于美国、中国、日本和德国。然而中国的碳排放总量却高居全球第一，印度的碳排放总量也远大于日本和德国，仅次于美国。这就说明中国和印度的单位 GDP 所排放的二氧化碳要高于美国、日本、德国等发达国家，各行业部门的技术劣势比较明显，而且产业结构配置不合理，可能存在高碳排放生产过程过多的现象，如能源、矿产等初级或中级工业产品加工相关的生产活动。这种生产技术和产业结构的劣势也使得中国和印度承担了比较大的碳减排份额。相对而言，经过优化英国、法国、德国、日本承担的碳减排幅度较少，有的国家甚至获得了显著的碳排放份额。这是由于这些国家本身碳排放总量较少，其碳排放总量的增长对全球碳排放总量的影响较小。另外，对于这些国家来说，其牺牲每单位碳排放所带来的经济增长要高于其他国家，各行业部门普遍具有一定的技术优势，并且产业结构配置较为合理，在全球产业链中处于比较有利的地位。因此，充分发挥这些国家的技术和产业优势，给予适度的碳排放额度，有利于保证全球经济发展的稳定，也有利于控制全球碳排放量的增长。

5.4　全球碳减排目标下的区域产业结构优化

5.4.1　区域产业结构优化模型

由于各国家和地区存在的差异性，因此各国和地区需要考虑如何在全球经济增长和碳减排目标下制定本国或者本地区的产业结构调整政策。因此，建立区域产业结构优化模型。由于中国在全球 GDP 和碳排放上显著的贡献，选取中国作为区域产业结构优化模型的实证分析案例。在保证全球其他国家生产规模不变的情况下，模拟中国产业结构的优化调整以实现区域经济增长和全球碳减排目标。针对中国的经济发展现状和碳减排政策，在产业链优化基本模型的基础上，建立中国产业结构优化模型：

$$\min S^r = \sum_j sc_j^r X_j^r$$

$$\min E^r = \sum_j e_j^r X_j^r \qquad (5-23)$$

$$\max G^r = \sum_j X_j^r \left(1 - \sum_s \sum_i a_{ij}^{sr}\right)$$

$$\text{s. t} \begin{cases} \sum_r \sum_i a_{ij}^{sr} X_j^r + y_i^s = X_i^s \\[2mm] p_1 \leqslant \dfrac{\sum_j X_j^r \left(1 - \sum_s \sum_i a_{ij}^{sr}\right) - \sum_j X_j^{r'} \left(1 - \sum_i a_{ij}\right)}{\sum_j X_j^{r'} \left(1 - \sum_i a_{ij}\right)} \leqslant p_2 \\[3mm] \sum_j e_j^r X_j^r + E_q \leqslant (1 - r)\left(\sum_j e_j^r X_j^r + E_q\right) \\[3mm] q_1 \leqslant \dfrac{\sum_j e_j^r X_j^r}{\sum_j X_j^r \left(1 - \sum_s \sum_i a_{ij}^{sr}\right)} \leqslant q_2 \\[3mm] k_1 \leqslant \dfrac{X_j^r}{X_j^{r'}} \leqslant k_2 \\[3mm] X_j^r \geqslant 0 \end{cases}$$

5.4.1.1　目标函数

区域产业结构优化模型的优化调整范围为区域内各产业部门的总产出，假设其他国家或者地区各产业部门总产出不变。因此，区域产业结构优化模型将基于产业链网络结构的产业结构优化基础模型中的目标函数的范围缩小为所要进行优化调整的国家或地区，分别得到区域结构效应函数、区域经济效益函数和区域碳排放函数三个目标函数。以国家（地区）r 为例，具体公式如下。

（1）区域结构效应函数：

$$\min S^r = \sum_j sc_j^r X_j^r \qquad (5-24)$$

其中，X_j^r 为国家（地区）r 的部门 j 的总产出。sc_j^r 为国家（地区）r 的部门 j 的结构系数。$sc_j^r X_j^r$ 表示国家（地区）r 的部门 j 在全球产业链中受到的结构效应的影响。

（2）区域经济效益函数：

$$\max G^r = \sum_j X_j^r \left(1 - \sum_s \sum_i a_{ij}^{sr}\right) \qquad (5-25)$$

其中，X_j^r 为国家（地区）r 的部门 j 的总产出。a_{ij}^{sr} 为直接消耗系数，表示国家（地区）r 的部门 j 的单位总产出消耗的国家（地区）s 的部门 i 的中间产品的数量。$X_j^r(1 - \sum_s \sum_i a_{ij}^{sr})$ 表示国家（地区）r 的部门 j 的增加值。

（3）区域碳排放函数：

$$\min E^r = \sum_j e_j^r X_j^r \qquad (5-26)$$

其中，X_j^r 为国家（地区）r 的部门 j 的总产出。e_j^r 为国家（地区）r 的部门 j 的碳排放强度。$e_j^r X_j^r$ 表示国家（地区）r 的部门 j 的碳排放总量。

5.4.1.2 约束条件

由于在区域产业结构优化模型中假设其他国家（地区）的生产活动不变，因此，产业结构优化基础模型中的约束条件中涉及其他国家（地区）的生产结构、GDP 和碳排放均保持不变。具体公式如下。

（1）投入产出平衡约束：

$$\sum_r \sum_j a_{ij}^{sr} X_j^r + y_i^s = X_i^s \qquad (5-27)$$

其中，X_j^r 为国家（地区）r 的部门 j 的总产出。a_{ij}^{sr} 为直接消耗系数，表示国家（地区）r 的部门 j 的单位总产出消耗的国家（地区）s 的部门 i 的中间产品的数量。y_i^s 表示国家（地区）s 的部门 i 的最终消费。X_i^s 表示国家（地区）s 的部门 i 的总产出。

（2）区域经济增长约束：

$$p_1 \leqslant \frac{\sum_j X_j^r(1 - \sum_s \sum_i a_{ij}^{sr}) - \sum_j X_j^{r'}(1 - \sum_i a_{ij})}{\sum_j X_j^{r'}(1 - \sum_i a_{ij})} \leqslant p_2 \qquad (5-28)$$

其中，X_j^r 为优化后国家（地区）r 的部门 j 的总产出。a_{ij}^{sr} 为直接消耗系数，表示国家（地区）r 的部门 j 的单位总产出消耗的国家（地区）s 的部门 i 的中间产品的数量。$\sum_j X_j^r(1 - \sum_s \sum_i a_{ij}^{sr})$ 为优化后国家（地区）r 的 GDP 总量。$X_j^{r'}$ 为优化前国家（地区）r 的部门 j 的总产出。$\sum_j X_j^{r'}(1 - \sum_s \sum_i a_{ij}^{sr})$ 为优化前国家（地区）r 的 GDP 总量。p_1 和 p_2 分别为优化后的全球 GDP 相较于优化前的变化率的下限和上限。

（3）全球碳减排约束：

$$\sum_j e_j^r X_j^r + E_q \leqslant (1 - r)\left(\sum_j e_j^{r'} X_j^{r'} + E_q\right) \qquad (5-29)$$

其中，X_j^r 为优化后的国家（地区）r 的部门 j 的总产出。e_j^r 为国家（地区）r 的部门 j 的碳排放强度。$e_j^r X_j^r$ 表示优化后国家（地区）r 的部门 j 的碳排放总量。$X_j^{r'}$ 为优化前的国家（地区）r 的部门 j 的总产出。$e_j^{r'} X_j^{r'}$ 表示优化前国家（地区）r 的部门 j 的碳排放总量。E_q 为除国家（地区）r 以外的所有国家（地区）的碳排放总和。r 为优化后的全球碳排放相对于优化前的变化率。

（4）区域碳排放强度约束：

$$q_1 \leqslant \frac{\sum\limits_j e_j^r X_j^r}{\sum\limits_j X_j^r \left(1 - \sum\limits_s \sum\limits_i a_{ij}^{sr}\right)} \leqslant q_2 \qquad (5-30)$$

其中，X_j^r 为优化后的国家（地区）r 的部门 j 的总产出。e_j^r 为国家（地区）r 的部门 j 的碳排放强度。a_{ij}^{sr} 为直接消耗系数。q_1 和 q_2 分别为区域碳减排目标下要实现的碳排放强度的下限和上限。

（5）部门生产扩张约束。部门生产扩张约束是为了避免经济过大波动，使得产业规模限制在一定幅度内变动：

$$k_1 \leqslant \frac{X_j^r}{X_j^{r'}} \leqslant k_2 \qquad (5-31)$$

其中，X_j^r 为优化后的国家（地区）r 的部门 j 的总产出。$X_j^{r'}$ 为优化前的国家（地区）r 的部门 j 的总产出。k_1 和 k_2 分别为部门总产出变化的下限和上限。

（6）非负约束：

$$X_j^r \geqslant 0 \qquad (5-32)$$

其中，X_j^r 为优化后的国家（地区）r 的部门 j 的总产出。

5.4.1.3 参数设置

区域产业结构优化模型的具体参数设置如表 5-8 所示。

表 5-8 区域产业结构优化模型参数设置

参数	参数解释	参数值
p_1	中国 GDP 增长率下限	6.8%

续表

参数	参数解释	参数值
p_2	中国 GDP 增长率上限	7.8%
r	全球碳减排率	5.15%
q_1	中国每单位 GDP 碳排放变化率的下限（千克/百万欧元）	1.104×10^6
q_2	中国每单位 GDP 碳排放变化率的上限（千克/百万欧元）	1.893×10^6
k_1	中国各部门总产出变化的下限	0.8
k_2	中国各部门总产出变化的上限	1.2

各参数的具体设置依据如下所述。

（1）中国 GDP 增长率。如 5.3.1.3 所述，本研究采用的数据为 1995～2016 年的全球投入产出表数据，因此以 2016 年的投入产出数据作为优化调整的基准数据，通过优化模型模拟下一年度的各部门总产出变化情况。因此，为了尽可能符合各区域各国的真实经济发展情况，以真实的中国 2017 年度的 GDP 增长率（6.8%）作为经济增长的下限。同时，为了避免 GDP 不符合实际的过度增长，根据中国近 10 年的经济发展态势，将 GDP 增长率的上限设为 7.8%。

（2）全球碳减排率。如 5.3.1.3 所述，要实现对于全球气候变暖现象的有效控制，将全球碳减排率设为 5.15%。

（3）每单位 GDP 碳排放变化率。在 2009 年哥本哈根会议上，中国承诺到 2020 年单位 GDP 碳排放比 2005 年下降 40%～45%，中期目标是在 2030 年左右单位 GDP 碳排放比 2005 年下降 60%～65%。因此，设置中国的每单位 GDP 碳排放变化率的上限为 2005 年单位 GDP 碳排放的 60%，下限为 2005 年单位 GDP 碳排放的 35%，即 1.104×10^6～1.893×10^6 千克/百万欧元。

（4）部门总产出调整的上下限。部门总产出变化的上限和下限取决于经济发展速度。根据前人在中国产业链优化方面的相关研究，将部门总产出的上限和下限分别设置为 1.2 和 0.8。

5.4.2　区域产业结构优化效果

5.4.2.1　目标值对比

由表 5-9 可知，在不同的情景下，区域产业结构优化模型都能够较为显著地实现经济增长和碳减排目标。增长偏向型情景下得到的 GDP 增长幅度最高，低碳偏向型情景下得到的碳减排幅度最大，均衡型情景得到的 GDP 增长幅度和碳减排幅度居中。在增长偏向型情景下，改进优化模型和传统优化模型得到的 GDP 总量都为 5.522×10^6 百万欧元，相较于优化前的增长率为 7.800%；得到的碳排放总量分别为 7.394×10^{12} 千克和 7.395×10^{12} 千克，相较于优化前的减排率分别为 -17.311% 和 -17.302%，改进优化模型的碳减排略高于传统优化模型。在低碳偏向型情景下，改进优化模型和传统优化模型得到的 GDP 总量都为 5.471×10^6 百万欧元，相较于优化前的增长率分别为 6.803% 和 6.802%，改进优化模型的 GDP 增长率略高于传统优化模型；得到的碳排放总量都为 7.365×10^{12} 千克，相较于优化前的减排率都为 17.635%。在均衡型情景下，改进优化模型和传统优化模型得到的 GDP 总量分别为 5.507×10^6 百万欧元，相较于优化前的增长率分别为 7.497% 和 7.696%，传统优化模型得到的 GDP 增长率略高于改进优化模型；得到的碳排放总量分别为 7.381×10^{12} 千克和 7.389×10^{12} 千克，相较于优化前的减排率分别为 17.460% 和 17.368%，改进优化模型的碳减排略高于传统优化模型。总体来说，改进后的优化模型比传统优化模型具有更好的优化效果，尤其是在实现碳减排目标时，这说明考虑产业链结构因素影响时能够充分发挥单个部门生产活动的变化对于整体产业链的级联影响，从而最大化部门生产活动调整带来的经济增长和碳减排效果。

表 5-9　　　　　　　　　优化后的 GDP 与碳排放

情景	模型	目标值		目标值变化率	
		GDP（百万欧元）	碳排放（千克）	GDP 变化率（%）	碳排放变化率（%）
增长偏向型	改进	5.522×10^6	7.394×10^{12}	7.800	-17.311
	传统	5.522×10^6	7.395×10^{12}	7.800	-17.302
低碳偏向型	改进	5.471×10^6	7.365×10^{12}	6.803	-17.635
	传统	5.471×10^6	7.365×10^{12}	6.802	-17.635
均衡型	改进	5.507×10^6	7.381×10^{12}	7.497	-17.460
	传统	5.516×10^6	7.389×10^{12}	7.696	-17.368

资料来源：作者根据 EXIOBASE 投入产出表计算所得。

5.4.2.2　总产出变化幅度对比

同样利用式（5-22）计算优化后的中国各部门总产出变化幅度。由表 5-10 可知，在低碳偏向型情景下，各部门总产出整体变化幅度最小；在均衡型情景下，各部门总产出整体变化幅度最大；在增长偏向型情景下，各部门总产出整体变化幅度居中。在三种情景下，改进优化模型下的各部门总产出整体变化幅度都要小于传统优化模型。这说明，在改进优化模型的优化方案下，各部门通过更小的调整幅度就可以获得与传统优化模型一致或者大于传统优化模型的优化效果。因此，改进优化模型所处的成本要小于传统优化模型，在实现既定的经济增长和碳减排目标的同时更能保证经济的稳定发展。

表 5 - 10　　　　　　　　优化后部门总产出变化幅度　　　　　　单位：百万欧元

情景	改进优化模型	传统优化模型
增长偏向型	164 544.8	165 206
低碳偏向型	161 314.6	161 881.1
均衡型	164 783.8	164 874.3

资料来源：作者根据 EXIOBASE 投入产出表计算所得。

5.4.2.3　产业链网络结构对比

由表 5 - 11 可知，区域产业结构优化模型下得到优化后的产业链网络中部门间的直接碳排放流动量和间接碳排放流动量都显著减小，说明经过部门总产出的优化调整后，生产过程中的碳排放转移明显减少，降低了生产活动对于高碳排产品的依赖性。在增长偏向型和低碳偏向型两种情景下，改进优化模型下优化后的产业链网络中碳排放流动量略高于传统优化模型。在均衡型情景下，改进优化模型下优化后的产业链网络中碳排放流动量略低于传统优化模型。这表明在同步实现区域经济增长和全球碳减排目标的前提下，改进优化模型比传统优化模型更能降低整体生产过程中的碳排放转移。

表 5 - 11　　　　　　　　优化后的产业链网络结构变化

情景	模型	产业链平均碳排放流动量（千克）		平均碳排放流动量变化率（%）	
		直接	间接	直接	间接
增长偏向型	改进	6.771×10^6	2.029×10^7	-1.461	-1.582
	传统	6.771×10^6	2.028×10^7	-1.467	-1.590
低碳偏向型	改进	6.754×10^6	2.024×10^7	-1.709	-1.818
	传统	6.752×10^6	2.023×10^7	-1.740	-1.849
均衡型	改进	6.766×10^6	2.027×10^7	-1.528	-1.645
	传统	6.767×10^6	2.027×10^7	-1.517	-1.637

资料来源：作者根据 EXIOBASE 投入产出表计算所得。

5.4.3 区域产业结构优化结果

5.4.3.1 产业结构变化

由表 5 – 12 可知，在三种情景下，优化后的三大产业的生产活动规模占中国整体生产活动规模的比例有所变化，但基本与优化前三大产业比例保持一致，说明优化方案不会对现有经济结构造成较大的冲击，具有一定的可操作性。其中，优化后的第一产业和第二产业所占比例下降，第三产业所占比例显著上升。这符合目前中国产业结构优化升级过程中电子商务、数字经济等"互联网＋"新型服务业对经济的带动作用。在三种不同情景中，第一产业所占比例最大的是增长偏向型情景，所占比例最小的是低碳偏向型情景；第二产业所占比例最大的是低碳偏向型情景，所占比例最小的是均衡型情景；第三产业所占比例最大的是均衡型情景，所占比例最小的是低碳偏向型情景。这说明中国的第一产业和第三产业在带动经济发展的过程中起着重要的作用，是经济增长的重要推动力。在同时保证经济增长和碳减排双重目标下，第三产业较高的生产比例意味着第三产业的生产活动既能有效拉动经济增长，又能促进碳减排。这表明第三产业生产规模的扩大能够同时获得经济效益和环境效益，需要鼓励和支持第三产业的发展。同时，对于中国来说，目前对于碳排放增长起着决定作用的并不是第二产业，而是第一产业。这说明中国的第一产业规模较大并且技术条件有待提高，在生产过程中耗费了大量的能源，产生了较为显著的碳排放。这主要有中国庞大的农产品消费市场所影响，并且中国的地势地形限制了大型农用机械的使用，使得生产效率较低。因此，在碳减排目标下，为保证农产品的稳定供应，应着重改良第一产业的生产技术，同时适当提高进口农产品比例，从而降低本地农业生产过程中的碳排放的产生。

表 5 – 12　　　　　　　　　优化后的产业结构变化

情景	第一产业		第二产业		第三产业	
	总产出（百万欧元）	比例（％）	总产出（百万欧元）	比例（％）	总产出（百万欧元）	比例（％）
增长偏向型	618 306.1	4. 125	10 140 677	67. 650	4 230 835	28. 225
低碳偏向型	599 441.3	4. 044	10 066 891	67. 920	4 155 446	28. 036

续表

情景	第一产业		第二产业		第三产业	
	总产出 （百万欧元）	比例 （%）	总产出 （百万欧元）	比例 （%）	总产出 （百万欧元）	比例 （%）
均衡型	606 689.9	4.071	10 064 525	67.535	4 231 366	28.394
优化前	613 505.8	4.258	10 100 235	70.098	3 694 972	25.644

资料来源：作者根据 EXIOBASE 投入产出表计算所得。

5.4.3.2　各部门总产出变化

优化后各部门的总产出变化如表 5 – 13 所示。由表可知，在三种情景下，优化后总产出增长幅度较大的部门包括"运输设备制造业""汽车销售及售后服务、贸易以及餐饮业""纺织和皮革加工业""电气和机械制造业""金融中介业与商业""公共管理、教育、健康、娱乐及其他服务业"等。这些产业主要为高端机械制造业和服务业，其产品附加值相对较高，并且单位产品碳排放较少，从而在优化后获得了较高的增长幅度。优化后总产出减小幅度较大的部门包括"电、煤气和水供应业""石油、化工及非金属矿产加工业""运输业""金属及金属制品加工业""采掘业""建筑业"等。这些产业主要为原材及初级产品加工业、能源部门和建筑行业，其生产过程中需要消耗大量的能源及资源，产生大量的碳排放，而其单位产品附加值不及高端机械制造业，因此在优化后其生产规模有了较大规模的减少。这表明在经济增长和碳减排目标下，中国需要鼓励高端制造业和服务业的发展，适当控制原材料及初级产品加工业、能源行业和建筑业的发展，并改进相关行业的生产技术。

表 5 –13　　　　　　　　　优化后的各部门总产出变化

序号	部门	增长偏向型		低碳偏向型		均衡型	
		总产出 （百万欧元）	变化率 （%）	总产出 （百万欧元）	变化率 （%）	总产出 （百万欧元）	变化率 （%）
1	种植业	219 107.8	– 13.5	202 705.586	– 20.0	207 468.6	– 18.1
2	养牛业	13 835.39	2.4	11 502.063 1	– 14.9	11 401.8	– 15.6
3	畜牧业	152 875.8	19.6	153 405.6	20.0	153 158.3	19.8
4	生奶业	8 237.786	– 2.8	6 899.302 81	– 18.6	6 808.906	– 19.6
5	渔业	166 100.1	19.0	166 355.957	19.2	166 628.6	19.4

续表

序号	部门	增长偏向型		低碳偏向型		均衡型	
		总产出 （百万欧元）	变化率 （%）	总产出 （百万欧元）	变化率 （%）	总产出 （百万欧元）	变化率 （%）
6	乳制品及蛋生产业	6 250.71	-0.6	6 828.818 17	8.6	6 770.493	7.7
7	牛肉生产业	4 424.1	-14.2	4 273.740 66	-17.2	4 157.634	-19.4
8	肉类加工业	47 474.48	-20.0	47 470.231 8	-20.0	50 295.51	-15.2
9	饮料和烟草加工业	34 700.17	9.1	34 988.887 3	10.0	36 455.35	14.6
10	食品加工业	331 185.9	17.8	337 327.578	20.0	333 236.5	18.5
11	采掘业	396 325	-20.0	396 249.613	-20.0	396 254.1	-20.0
12	纺织和皮革加工业	993 455.2	19.9	994 414.174	20.0	994 418.4	20.0
13	林业	8 687.427	-18.2	8 501.714 69	-20.0	8 698.484	-18.1
14	木材，纸张加工和出版业	238 654.6	-12.7	218 607.93	-20.0	218 620.8	-20.0
15	石油、化工及非金属矿产加工业	1 331 793	-20.0	1 331 778.14	-20.0	1 331 778	-20.0
16	金属及金属制品加工业	774 077.1	-20.0	774 001.58	-20.0	774 001.6	-20.0
17	电气和机械制造业	3 096 097	20.0	3 094 157.53	19.9	3 094 158	19.9
18	运输设备制造业	1 228 759	20.0	1 229 229.93	20.0	1 229 224	20.0
19	制造和回收业	470 321.8	17.9	469 481.925	17.7	469 481.9	17.7
20	电、煤气和水供应业	295 698.4	-20.0	295 698.404	-20.0	295 698.4	-20.0
21	建筑业	882 773.3	-20.0	882 453.852	-20.0	882 499.6	-20.0
22	汽车销售及售后服务、贸易以及餐饮业	879 800.1	19.8	880 961.267	20.0	880 927.5	20.0
23	运输业	355 999.3	-20.0	355 995.533	-20.0	355 995.3	-20.0

续表

序号	部门	增长偏向型		低碳偏向型		均衡型	
		总产出 (百万欧元)	变化率 (%)	总产出 (百万欧元)	变化率 (%)	总产出 (百万欧元)	变化率 (%)
24	邮政和电信业	18 040.8	−15.1	17 010.576 3	−20.0	17 008.18	−20.0
25	金融中介业 与商业	1 468 082	19.9	1 468 851.55	20.0	1 467 660	19.9
26	公共管理、 教育、健康、 娱乐及其他 服务业	1 508 912	18.8	1 432 627.31	12.8	1 509 775	18.8

资料来源：作者根据 EXIOBASE 投入产出表计算所得。

不同情景下各部门总产出变化幅度差别较为明显的部门包括"养牛业""生奶业""木材、纸张加工和出版业""种植业""公共管理、教育、健康、娱乐及其他服务业"等。增长偏向型情景下"养牛业"的总产出略有增长，而在低碳偏向型情景下"养牛业"的总产出具有较大的减少幅度。增长偏向型情景下"生奶业""木材、纸张加工和出版业""种植业"的总产出的减小幅度均显著低于低碳偏向型情景。增长偏向型情景下"公共管理、教育、健康、娱乐及其他服务业"的总产出的增长幅度显著高于低碳偏向型情景。以上结果表明"养牛业""生奶业""种植业"这些农业部门以及"木材、纸张加工和出版业"的生产过程会产生大量的碳排放，因此在低碳偏向型情景下这些部门的生产规模都得到了较为显著的缩减。同时，这些部门的产品在中国又具有广泛的消费市场，具有相对较高的价值，因此在增长偏向型情景下这些部门的生产规模获得了一定程度的增长或者减小幅度显著低于低碳偏向型情景。因此，对于中国来说，改进这些部门的生产技术、降低单位产品的碳排放量有利于获得经济和环境双重效益。增长偏向型情景下"公共管理、教育、健康、娱乐及其他服务业"的总产出增长幅度显著高于低碳偏向型情景。这表明虽然中国的"公共管理、教育、健康、娱乐及其他服务业"的产品附加值较高，但是在其生产过程中仍旧会产生一定的碳排放，因此削弱了其在碳减排过程中的作用。因此，对于中国来说，公共型服务业的相关环节仍需要进行进一步的优化和调整。

5.5　本章小结

通过第 3 章和第 4 章的研究发现，不同部门在全球产业链网络中扮演着不同的角色，并且不同角色对部门碳排放的影响程度不同。这说明部门的碳排放除了受到技术水平的影响外，部门在产业链中所处的位置也会对部门碳排放产生影响。因此，本章首先定义了结构系数来量化全球产业链网络结构对部门碳排放及生产活动的综合影响，并在本章中和部门碳排放强度一起作为部门生产活动的控制要素，纳入产业结构优化模型当中，从而提出了基于产业链网络结构的产业结构优化模型。

其次，在全球和区域尺度上分别构建了全球产业结构优化模型和区域产业结构优化模型，利用多目标遗传算法 NSGA-II 对全球产业结构优化模型和区域产业结构优化模型中的部门总产出进行了求解，并设置了增长偏向型、低碳偏向型和均衡型三种不同的情景作为最优解选择的依据。为了证明所建立的基于产业链网络结构的产业结构优化模型的有效性，去除了目标函数中的结构效应函数、保持其他目标函数和约束条件作为传统优化模型，将求得的最优解进行对照。结果表明在全球和区域两个尺度上，改进后的优化模型在目标值、总产出变化幅度和产业链网络结构优化三个方面都具有比传统优化模型更好的优化效果。

最后，本章对优化后的全球和区域产业链结构进行了分析。全球尺度上，在部门层面，全球产业结构优化模型识别出了一些关键的调整部门，并且得到了对于这些关键部门的调整方向。同时，通过对各国或者地区按照发展情况的分类，得到了对于不同层次国家或者地区需要重点进行调整的行业。对于高收入国家来说，应该继续保证本国服务行业的发展；对于中等收入国家来说，需要促进经济重心尽快由产业链上游向产业链中下游转移；对于低收入国家来说，其发展重点在于保障民众的基本生活，完善基础设施。进一步地，优化后各国或者地区的经济和环境表现表明需要明确大国责任，优先促进碳排放大国的碳减排，同时充分发挥各国的技术优势，提高生产活动调整所带来的对于经济和环境的边际收益。区域尺度上，以中国为例，结果表明优化后总产出增长幅度较大的多为服务性产业和高端制造业，优化后总产出减小幅度较大的多为工业原料开采、初级产品加工业以及能源部门。这表明在经济增长和碳减排目标下，中国需要进一步提高产业技术水平，促进产业发展向产业链中下游进行转移，着重发展技术含量和附加值较高的产业，同时提高能源部门以及产业链上游部门的生产技术。

第 6 章

结论与展望

6.1　结　　论

本研究的主要目的是从全球产业链网络视角开展碳减排和经济增长目标下的产业结构优化研究，首先构建了基于生产驱动的产业链网络结构分析框架，量化部门在全球产业链网络中的结构角色。其次构建了部门结构角色对碳排放的影响量化模型，估计部门在全球产业链网络中的结构角色对碳排放的影响。最后，构建了基于产业链网络结构的产业结构优化模型，从全球和区域两个视角动态模拟碳减排和经济增长目标下的部门生产活动的优化调整过程，并得到了相关的全球及中国的产业链优化的政策启示。具体结论如下。

（1）为了更好地刻画产业链整体结构特征，并且弥补传统网络分析关注拓扑结构而忽略了产业链自身特点的不足，本研究基于网络分析和结构路径分析提出了系统化的产业链网络结构分析指标，从而对全球产业链网络的结构特征和部门在网络中扮演的结构角色进行了量化，识别了在全球产业链网络中扮演关键角色的部门，从而为碳减排目标下的全球产业链结构的宏观调控提供准确的政策目标。研究结果显示，少数部门在全球产业链网络中占据关键位置，表明在进行相关碳减排政策制定时需要关注这些重点部门，将这些重点部门作为主要的调控目标。研究结果还发现，不同部门在全球产业链网络中所扮演的结构角色具有明显的差异，因此需要针对各部门在全球产业链中所处的位置制定相应的调整政策才能达到切实的效果。如中国的"石油、化工及非金属矿产加工业"和"金属及金属制品加工业"各维度上均具有重要地位，是全球产业链中的核心部门，因此，提高这些部门自身的技术水平和生产规模能够有利于全局下的碳排放的减少。中国的"建筑业"是主要的碳排放进口者，因此在不减小自身生产规模的前提下需要优先选择技术含量高的低碳排产品。美国的"金融中介业和商业"是主要的碳排放出口者，因此通过技术改进等手段降低本部门产品中的碳排放量将有利于下游部门生产过程中碳排放的减少。

（2）为了分析产业链生产关系结构的变动对碳排放带来的影响，本研究构建了产业链网络结构变化对碳排放的影响量化模型，从而对部门在全球产业链网络中扮演的各维度结构角色对碳排放的不同作用进行了参数估计，从而为碳减排目标下各部门生产活动的优化提供了明确的调整方向。研究结果表明，全球产业链网络视角下，部门的碳排放出口量、碳排放进口量、产业链始端影响力、产业链末端影响力对部门的直接碳排放具有正向影响，部门的碳排放自流动量和产业链中介影响力对部门的直接碳排放具有显著的负向影响。其中，部门的碳排放自流动量对部门碳排放的负向影响最强，说明提高本部门产品的使用效率可以有效降低碳排放的产生；部门的碳排放出口量对于部门碳排放的正向影响最强，说明本部门碳排放的增长主要由来自下游部门的直接生产需求所驱动。另外，由于不同国家或者地区自身产业链结构的特殊性，不同国家或者地区主要的碳排放影响因素存在显著的区别。对于大多数国家来说，碳排放出口量、产业链始端影响力、产业链末端影响力对于部门碳排放具有显著正向影响，产业链中介影响力对于部门碳排放具有显著的负向影响，与全球产业链回归结果保持一致。然而，一些生产技术欠发达的中等收入国家及低收入国家的碳排放自流动量的显著正向影响以及部门高收入国家的碳排放出口量的显著负向影响也表明由于各国或者地区生产过程中普遍存在的资源及技术上的差别，各国或者地区内各部门的生产活动对于碳排放的影响不尽相同。因此，实现全球范围内的碳减排需要根据各国或者地区的实际情况采取差异化的调整措施。

（3）为了综合考虑部门间的生产关系结构对产业链优化过程的影响，弥补现有产业结构优化模型忽略了单个部门生产活动变动通过产业链网络可能产生的级联影响的不足，本研究构建了基于产业链网络结构的产业结构优化模型，在经济增长和碳减排目标下从全球及区域两个尺度上对部门生产活动的优化调整过程进行了动态模拟，为全球碳减排目标下各国或地区生产结构的优化调整和国家或者地区间的产业合作机制的建立提供参考信息。优化结果表明在全球和区域两个尺度上，改进后的优化模型在目标值、总产出变化幅度和产业链网络结构优化三个方面都具有比传统优化模型更好的优化效果，证明了将产业链网络结构的影响纳入优化模型的必要性。全球尺度上，全球产业结构优化模型识别出了一些关键的调整部门，并且发现不同层次国家在优化后的调整方向具有显著的差异。对于高收入国家来说，应该继续保证本国服务行业的发展；对于中等收入国家来说，需要促进经济重心尽快由产业链上游向产业链中下游转移；对于低收入国家来说，其发展重点在于保障民众的基本生活，完善基础设施。进一步地，优化后各国或者地区的经济和环境表现表明需要明确大国责任，优先促进碳排放大国的碳减排，同时充分发挥各国的技术优势，提高生产活动调整所带来的对于经济和环境的边际收益。区域尺度上，以中国为例，结果表明优化后总产出增长幅度较大的多为服务性产业和高端制造业，优化后总产出减小幅度较大的多为工业原料开采、初级产品加工业以及能源部门。这表明在经济增长和碳减排目标下，中国需要进一步提高产业技术水平，促进产业发展向产业链中下游进行转移，着重发展技术含量和附加值较高的产业，同时提高能源部门以及产业链上游部门的生产技术。

通过对全球产业链网络结构的分析及产业链的优化模拟，本研究总结了以下五点政策建议，期望对全球经济增长和碳减排目标下的各国或者地区尤其是中国的产业结构优化调整提供一定的政策参考。

（1）全球尺度上，由于不同国家或者地区之间存在的资源禀赋和生产技术的差异，各国或者地区之间同一产品的碳排放存在显著区别。在生产技术不变的情况下，择优选择具有相对技术优势的产品投入作为进口来源，能够有效降低需求端对高碳排产品的依赖性和供给端高碳排产品的生产，从而降低全球产业链中的碳排放转移量。因此，联合国或者世界银行等主要的全球政府间机构应该采取措施进一步促进各国或者地区间的产业合作，优化国家或者地区间的贸易关系。具体来说，可以协调各国政府或者知名跨国公司构建行业产品信息平台，提供各国各部门产品详细的供需、环境成本、资源成本、经济成本、贸易成本等信息，以便各国或者地区择优选择贸易对象，以避免不必要的能源消耗或者碳排放的产生。

（2）对于高收入国家来说，应该继续鼓励服务行业的发展，以此作为带动本国或者地区以及全球的经济增长点。由于高收入国家的优先发展使其面临的环境压力较小，并且积累了一定的资金和技术优势，而由于劳动力、资源等成本的日益上升使得加工制造业所带来的边际效益递减，因此高收入国家应该与其他国家一起共同承担全球碳减排责任，以资金和技术出口的方式促进中等收入国家和低收入国家的发展，从而共同实现全球碳减排目标。

（3）对于中等收入国家来说，应该大力发展服务行业、循环产业以及高端制造业的发展，推动经济重心由产业链上游向产业链中下游转移，以避免在全球碳减排目标下处于不利地位。作为全球产业链上游和中游的主体，中等收入国家在全球能源、矿产等初级产品加工行业占据主导地位，这些行业增加值相对较低，并且碳排放较高，使得中国、印度等中等收入国家普遍成为碳排放主体。因此，中等收入国家需要通过自主研发与技术引进相结合的方式积极推动相关产业的技术改进，保证经济发展的同时降低碳排放。同时，需要尽快推动产业结构优化升级，将产业重点由原材料及初级产品加工转移至高级产品加工和生产，提高产品附加值，确立新的经济增长点。

（4）对于低收入国家来说，应该鼓励建筑业、公共型服务业以及基础性农业的发展，以优先保障基本生活，完善基础设施，为其进一步发展提供良好的物质基础。由于低收入国家普遍的技术劣势，发展高附加值的加工制造业可能会导致资源和能源的浪费，产生不必要的碳排放，不利于全球碳排放目标的实现。因此，对于低收入国家来说，其发展重点在于充分利用本国或者地区较低的劳动力和资源成本的优势，大力发展基础性产业，从而为资金和技术的引进打好坚实的基础，逐步实现经济发展，避免走上"以环境换发展"的先污染后治理的老路。

（5）对于中国来说，应该鼓励服务行业和高端制造业的发展，同时缩小原材料开采及初级产品加工业的生产规模，改善产业链上游工业部门的技术水平，并逐步控制建筑业的发展。改革开放以来，中国的原材料及初级产品加工所生产的相关产品在国际贸易中占据很大的比例，建筑业的发展带来的基础设施建设以及房地产经济的崛起也进一步拉动了中国经济的快速增长，并提供了充足的就业机会。然而，这些产业部门在生产过程中都需要消耗大量的资源和能源，从而产生了大量的碳排放，这也使得中国在全球碳减排目标下面临比较大的环境压力，因此，中国需要改变现有的产业配置结构，进一步推动经济重心向产业链中下游转移，着重发展技术含量和附加值较高的产业，同时适当控制高耗能高碳排产业的生产规模，改善产业链上游工业部门的技术水平。

6.2 展　　望

将产业链结构因素纳入到以经济增长和碳减排为目的的全球产业结构优化研究中来，取得了阶段性成果。在现阶段中，主要的局限性和不足有两点，需要在接下来的研究中继续完善和深入。

（1）由于计算能力和数据的限制，目前的全球产业结构优化仅局限于有限的国家和部门。由于全球产业链结构的复杂性，在未来的研究中，需要考虑纳入更多的国家和行业部门。并且，本研究主要是对于部门进行调节，在未来还可考虑建立新的研究架构对于部门间的关系进行优化调整。

（2）由于数据获取和知识面的局限，目前的全球产业结构优化模型对于目标函数和约束条件的设置还存在明显的不足。由于全球经济系统的复杂性和不同国家之间合作和协调的难度，需要考虑到更全面的因素才能获得更加合理准确的优化方案，需要在未来的研究中进一步改进。

附 录

附表1　　　　　　　　　　　　　国家（地区）代码及名称

序号	代码	名称	序号	代码	名称
1	AT	奥地利	26	SI	斯洛文尼亚
2	BE	比利时	27	SK	斯洛伐克
3	BG	保加利亚	28	GB	英国
4	CY	塞浦路斯	29	US	美国
5	CZ	捷克	30	JP	日本
6	DE	德国	31	CN	中国
7	DK	丹麦	32	CA	加拿大
8	EE	爱沙尼亚	33	KR	韩国
9	ES	西班牙	34	BR	巴西
10	FI	芬兰	35	IN	印度
11	FR	法国	36	MX	墨西哥
12	GR	希腊	37	RU	俄罗斯
13	HR	克罗地亚	38	AU	澳大利亚
14	HU	匈牙利	39	CH	瑞士
15	IE	爱尔兰	40	TR	土耳其
16	IT	意大利	41	TW	中国台湾
17	LT	立陶宛	42	NO	挪威
18	LU	卢森堡	43	ID	印度尼西亚
19	LV	拉脱维亚	44	ZA	南非
20	MT	马耳他	45	WA	其他亚洲及太平洋地区
21	NL	荷兰	46	WL	其他美洲地区
22	PL	波兰	47	WE	其他欧洲地区
23	PT	葡萄牙	48	WF	其他非洲地区
24	RO	罗马尼亚	49	WM	其他中东地区
25	SE	瑞典			

附表 2　　　　　　　　　　　部门分类

代码	部门
1	种植业
2	养牛业
3	畜牧业
4	生奶业
5	渔业
6	乳制品及蛋生产业
7	牛肉生产业
8	肉制品加工业
9	饮料和烟草加工业
10	食品加工业
11	采掘业
12	纺织品、皮革和服装加工业
13	林业
14	木材、造纸和出版用品加工业
15	石油、化工及非金属矿产加工业
16	金属及金属制品加工业
17	电气和机械制造业
18	运输设备制造业
19	制造和回收业
20	电、煤气和水供应业
21	建筑业
22	汽车销售及售后服务、贸易以及餐饮业
23	运输业
24	邮政和电信业
25	金融中介业与商业
26	公共管理、垃圾处理、教育、健康、娱乐及其他服务业

附表 3　　　　　　　　　产品分类及合并

序号	产品	部门
1	水稻、稻谷	种植业
2	小麦	
3	粮谷、谷粒	
4	蔬菜、水果、坚果	
5	油籽	
6	甘蔗、甜菜	
7	植物性纤维	
8	作物	
9	加工稻谷	
10	植物油和脂肪产品	
11	牛	养牛业
12	猪	畜牧业
13	家禽	
14	肉类动物	
15	动物产品	
16	肥料（常规）	
17	肥料（生物气）	
18	原料乳	生奶业
19	羊毛、桑蚕茧	林业
20	林业及相关服务产品	
21	渔业及相关产品	渔业
22	鱼制品	
23	无烟煤	采掘业
24	炼焦煤	
25	其他烟煤	
26	次烟煤	
27	专利燃料	
28	褐煤	
29	泥炭煤球	
30	泥煤	

序号	产品	部门
31	原油及与原油开采有关的服务	采掘业
32	天然气及与天然气开采有关的服务	
33	天然气液	
34	其他碳氢化合物	
35	铀和钍矿石	
36	铁矿石	
37	铜矿砂及其精矿	
38	镍矿砂及其精矿	
39	铝矿砂及其精矿	
40	贵金属矿砂及其精矿	
41	铅、锌、锡矿石及精矿	
42	其他有色金属矿石及精矿	
43	石头	
44	砂和黏土	
45	化学和肥料矿物、盐和其他采矿和采石产品	
46	肉牛产品	牛肉生产业
47	肉猪制品	肉制品加工业
48	肉禽制品	
49	肉制品	
50	乳制品	乳制品及蛋生产业
51	糖	食品加工业
52	食品	
53	饮料	饮料和烟草加工业
54	烟制品	
55	纺织品	纺织品，皮革和服装加工业
56	衣服、皮草	
57	皮革和皮革产品	
58	木材及木和软木制品、草编制品	木材、造纸和出版用品加工业
59	二次加工木材	
60	纸浆	

续表

序号	产品	部门
61	二次加工纸浆	木材、造纸和出版用品加工业
62	纸张和纸制品	
63	印刷品和记录媒体	
64	焦炉焦炭	石油、化工和非金属矿产加工业
65	煤气焦炭	
66	煤焦油	
67	动力汽油	
68	航空汽油	
69	汽油型喷气燃料	
70	煤油型喷气燃料	
71	煤油	
72	天然气/柴油	
73	重燃油	
74	炼厂气	
75	液化石油气	
76	炼油厂原料	
77	乙烷	
78	石脑油	
79	白酒	
80	润滑油	
81	沥青	
82	固体石蜡	
83	石油焦炭	
84	非特定石油产品	
85	核燃料	
86	塑料	
87	二次塑料	
88	氮肥	
89	磷肥及其他肥料	
90	化工制品	

续表

序号	产品	部门
91	木炭	石油、化工和非金属矿产加工业
92	添加剂/混合组件	
93	生物汽油	
94	生物柴油	
95	其他液体生物燃料	
96	橡塑产品	
97	玻璃及玻璃制品	
98	二次玻璃	
99	陶瓷品	
100	砖、瓦和建筑产品	
101	水泥、石灰和灰泥	
102	石灰熟料	
103	其他非金属矿产品	
104	基本钢铁和铁合金	金属及金属制品加工业
105	二次钢	
106	贵重金属	
107	二次贵金属	
108	铝和铝合金制品	
109	二次铝	
110	铅、锌、锡及其制品	
111	二次铅	
112	铜制品	
113	二次铜	
114	其他有色金属产品	
115	其他二次有色金属	
116	铸造工作服务	
117	金属制品	
118	机械设备	电气和机械设备制造业
119	办公仪器与电脑	
120	电机与电器	

序号	产品	部门
121	无线电、电视和通信设备及器材	电气和机械设备制造业
122	采购产品医疗、精密和光学仪器、手表和时钟	
123	机动车辆、拖架及半拖架	运输设备制造业
124	其他运输设备	
125	家具及其他工业制成品	制造和回收业
126	次生原料	
127	回收瓶	
128	火力发电	电、煤气和水供应业
129	燃气发电	
130	核电	
131	水力发电	
132	风力发电	
133	石油发电	
134	生物质和废物发电	
135	太阳能光伏发电	
136	太阳热能发电	
137	潮汐发电	
138	地热发电	
139	电力产品	
140	输电业务	
141	电力分配和贸易服务	
142	炼焦炉气	
143	高炉煤气	
144	氧气钢炉煤气	
145	煤气厂气	
146	生物气	
147	气体燃料管道配送服务	
148	蒸汽和热水供应服务	
149	收集和净化水，配水服务	

续表

序号	产品	部门
150	基建工程	建筑业
151	二次建筑材料处理	
152	销售、维修、修理汽车、汽车配件、摩托车、电单车配件及配件	汽车销售及售后服务、贸易以及餐饮业
153	汽车燃油零售贸易服务	
154	批发贸易及佣金贸易服务	
155	零售贸易服务，个人及家庭用品修理服务	
156	酒店及餐饮服务	
157	铁路运输服务	运输业
158	其他陆路运输服务	
159	管道运输服务	
160	海运和沿海水运服务	
161	内河运输服务	
162	航空运输服务	
163	辅助运输服务	
164	邮电通信服务	邮政和电信业
165	金融中介服务	金融中介业与商业
166	保险和养老基金服务	
167	金融中介辅助服务	
168	房地产服务	
169	机器设备和个人及家庭用品出租服务	
170	计算机及相关服务	
171	研发服务	
172	其他商业服务	
173	公共行政和国防服务；强制性社会保障服务	公共管理、垃圾处理、教育、健康、娱乐及其他服务业
174	教育服务	
175	卫生和社会工作服务	
176	食物垃圾处理：焚烧	
177	纸张垃圾处理：焚烧	
178	塑料垃圾处理：焚烧	

序号	产品	部门
179	金属废物处理：焚烧	
180	纺织废物处理：焚烧	
181	木材废物处理：焚烧	
182	有害油废物处理：焚烧	
183	食物垃圾处理：生物气化和土地应用	
184	纸张垃圾处理：生物气化和土地应用	
185	污水污泥处理：生物气化和土地应用	
186	食物垃圾处理：堆肥及土地应用	
187	纸张与木材废物处理：堆肥及土地应用	
188	食物垃圾处理：废水处理	
189	其他废物处理：废水处理	公共管理、垃圾处理、教育、健康、娱乐及其他服务业
190	食物垃圾处理：填埋	
191	纸张垃圾处理：填埋	
192	塑料垃圾处理：填埋	
193	惰性/金属/有害废物处理：填埋	
194	纺织废物处理：填埋	
195	木材废物处理：填埋	
196	会员组织服务	
197	娱乐、文化和体育服务	
198	其他服务	
199	家庭服务业	
200	境外组织和机构	

参考文献

［1］安琪儿，安海忠，王朗．中国产业间隐含能源流动网络分析［J］．系统工程学报，2014，29（6）：754－762．

［2］曹志鹏，潘启亮．我国高校间科研创新合作现状——基于2014年合著论文的社会网络分析［J］．科技管理研究，2017，37（1）：93－98．

［3］丁宁，杨建新，逯馨华，等．共享单车生命周期评价及对城市交通碳排放的影响——以北京市为例［J］．环境科学学报，2018：1－14．

［4］高静，刘国光．全球贸易中隐含碳排放的测算、分解及权责分配——基于单区域和多区域投入产出法的比较［J］．上海经济研究，2016（1）：34－43．

［5］何则，杨宇，刘毅，等．世界能源贸易网络的演化特征与能源竞合关系［J］．地理科学进展，2019，38（10）：1621－1632．

［6］胡雅蓓，邹蓉．新常态下碳减排与经济转型多目标投入——产出优化研究［J］．资源开发与市场，2018，34（8）：1066－1073．

［7］贾祥英，闫强，邢万里，等．全球大宗矿产资源贸易格局演变及其影响因素分析［J］．中国矿业2019，28（11）：15－20．

［8］蒋雪梅，刘轶芳．全球贸易隐含碳排放格局的变动及其影响因素［J］．统计研究，2013，30（9）：29－36．

［9］焦翠红，李秀敏．经济增长、节能减排与区域产业结构优化［J］．税务与经济，2015（2）：7－15．

［10］刘亮，罗天，曹吉鸣．基于复杂网络多尺度的科研合作模式研究方法［J］．科研管理，2019，40（1）：191－198．

［11］吕文红，王国娟，王鹏飞．基于复杂网络的交通运输网络可靠性研究进展［J］．科学技术与工程，2019，19（24）：26－33．

[12] 孟凡鑫，苏美蓉，胡元超，等. 中国及"一带一路"沿线典型国家贸易隐含碳转移研究 [J]. 中国人口·资源与环境，2019，29（4）：18 - 26.

[13] 苗媛媛，闫强，邢万里，贾祥英. 基于复杂网络的全球铅矿贸易格局演化特征分析 [J]. 中国矿业，2019，28（11）：21 - 26.

[14] 潘安. 对外贸易、区域间贸易与碳排放转移——基于中国地区投入产出表的研究 [J]. 财经研究，2017，43（11）：57 - 69.

[15] 乔小勇，李泽怡，赵玉焕. 中国与其他金砖国家间贸易—碳排放脱钩关系研究——基于 Eora 投入产出数据 [J]. 国际商务（对外经济贸易大学学报），2018（4）：58 - 73.

[16] 宋佩珊，计军平，马晓明. 广东省能源消费碳排放增长的结构分解分析 [J]. 资源科学，2012，34（3）：551 - 558.

[17] 宋小龙，李博，吕彬，等. 废弃手机回收处理系统生命周期能耗与碳足迹分析 [J]. 中国环境科学，2017，37（6）：2393 - 2400.

[18] 宋泽堃，黎浩东，邱果，等. 京津冀区域轨道交通网络演化研究 [J]. 都市快轨交通，2019，32（5）：1 - 7.

[19] 王保乾，陈盼，杜根，等. 中国出口贸易隐含碳排放结构分解研究——基于中国与贸易伙伴国行业贸易碳排放数据的比较分析 [J]. 价格理论与实践，2018（1）：134 - 137.

[20] 王芳，周兴. 人口结构、城镇化与碳排放——基于跨国面板数据的实证研究 [J]. 中国人口科学，2012（2）：47 - 56.

[21] 王翚，郑美玲. 福建省进出口贸易对 CO_2 排放的影响——基于投入产出模型的实证分析 [J]. 财会月刊，2017（35）：114 - 123.

[22] 王美昌，徐康宁. 贸易开放、经济增长与中国二氧化碳排放的动态关系——基于全球向量自回归模型的实证研究 [J]. 中国人口·资源与环境，2015，25（11）：52 - 58.

[23] 吴佳益，徐开俊，杨泳. 基于复杂网络理论的空中交通网络脆弱性分析 [J]. 沈阳工业大学学报，2019，41（6）：659 - 663.

[24] 谢伟伟，邓宏兵，苏攀达. 长江中游城市群知识创新合作网络研究——高水平科研合著论文实证分析 [J]. 科技进步与对策，2019，36

（16）：44 – 50.

［25］闫云凤．京津冀碳足迹演变趋势与驱动机制研究［J］．软科学，2016，30（8）：10 – 14.

［26］原嫄，席强敏，孙铁山，等．产业结构对区域碳排放的影响——基于多国数据的实证分析［J］．地理研究，2016，35（1）：82 – 94.

［27］詹晶，叶静．中美贸易隐含碳测度及影响因素研究［J］．广东财经大学学报，2014，29（4）：36 – 42.

［28］张捷，赵秀娟．碳减排目标下的广东省产业结构优化研究——基于投入产出模型和多目标规划模型的模拟分析［J］．中国工业经济，2015（6）：68 – 80.

［29］赵巧芝，闫庆友．基于社会网络分析的中国行业碳流动网络性质和结构特征研究［J］．科技管理研究，2017，37（9）：233 – 239.

［30］赵玉焕，田扬，刘娅．基于投入产出分析的印度对外贸易隐含碳研究［J］．国际贸易问题，2014（10）：77 – 87.

［31］郑晓云，徐金秀．基于 LCA 的装配式建筑全生命周期碳排放研究——以重庆市某轻钢装配式集成别墅为例［J］．建筑经济，2019，40（1）：107 – 111.

［32］Andrew R，Peters G P，Lennox J. Approximation and regional aggregation in multi-regional input-output analysis for national carbon footprint accounting［J］. Economic Systems Research，2009，21（3）：311 – 335.

［33］Asumadu-Sarkodie S and Owusu P A. Recent evidence of the relationship between carbon dioxide emissions，energy use，GDP，and population in Ghana：A linear regression approach［J］. Energy Sources Part B-Economics Planning and Policy，2017，12（6）：495 – 503.

［34］Bednarikova Z. The economic contribution of agriculture for rural economy-an application of input-output analysis［J］. Politicka Ekonomie，2012，60（2）：265 – 285.

［35］Beylot A and Villeneuve J. Assessing the national economic importance of metals：An Input-Output approach to the case of copper in France［J］. Resources Policy，2015，44：161 – 165.

［36］ Chen B, Li J S, Wu X F, et al. Global energy flows embodied in international trade: A combination of environmentally extended input-output analysis and complex network analysis ［J］. Applied Energy, 2018, 210: 98 – 107.

［37］ Chen S Q and Chen B. Urban energy consumption: Different insights from energy flow analysis, input-output analysis and ecological network analysis ［J］. Applied Energy, 2015, 138: 99 – 107.

［38］ Chen Z M and Chen G Q. Demand-driven energy requirement of world economy 2007: A multi-region input-output network simulation ［J］. Communications in Nonlinear Science and Numerical Simulation, 2013, 18 (7): 1757 – 1774.

［39］ Coello C A C. Evolutionary multi-objective optimization: A historical view of the field ［J］. IEEE Computational Intelligence Magazine, 2006, 1 (1): 28 – 36.

［40］ Cui L B, et al. Embodied energy, export policy adjustment and China's sustainable development: A multi-regional input-output analysis ［J］. Energy, 2015, 82: 457 – 467.

［41］ Daniels P L, Lenzen M and Kenway S J. The ins and outs of water use-a review of multi-region input-output analysis and water footprints for regional sustainability analysis and policy ［J］. Economic Systems Research, 2011, 23 (4): 353 – 370.

［42］ de Carvalho A L, Antunes C H, Freire F, et al. A hybrid input-output multi-objective model to assess economic-energy-environment trade-offs in Brazil ［J］. Energy, 2015, 82: 769 – 785.

［43］ DeCoursey T E. Don't judge research on economics alone ［J］. Nature, 2013, 497 (7447): 40 – 40.

［44］ Deng G Y and Xu Y. Accounting and structure decomposition analysis of embodied carbon trade: A global perspective ［J］. Energy, 2017, 137: 140 – 151.

［45］ Dodgson J. Gregory King and the economic structure of early modern England: an input-output table for 1688 ［J］. Economic History Review, 2013,

66（4）：993 – 1016.

［46］ Dong Y L, Ishikawa M, Liu X B et al. An analysis of the driving forces of CO2 emissions embodied in Japan-China trade ［J］. Energy Policy, 2010, 38 （11）：6784 – 6792.

［47］ Du Q, Xu Y D, Wu M, et al. A network analysis of indirect carbon emission flows among different industries in China ［J］. Environmental Science and Pollution Research, 2018, 25 （24）：24469 – 24487.

［48］ Duchin F and Levine S H. Combining Multiregional Input-Output Analysis with a World Trade Model for Evaluating Scenarios for Sustainable Use of Global Resources, Part II: Implementation ［J］. Journal of Industrial Ecology, 2016, 20 （4）：783 – 791.

［49］ Duchin F, Levine S H and Stromman A H. Combining Multiregional Input-Output Analysis with a World Trade Model for Evaluating Scenarios for Sustainable Use of Global Resources, Part I: Conceptual Framework ［J］. Journal of Industrial Ecology, 2016, 20 （4）：775 – 782.

［50］ Fang X Q, Wei B Y and Wang Y. Impacts of inter-sectoral trade on carbon emissions-a case of China in 2007 ［J］. Frontiers of Environmental Science & Engineering, 2012, 6 （3）：387 – 402.

［51］ Gao C X, Su B, Sun M, et al. Interprovincial transfer of embodied primary energy in China: A complex network approach ［J］. Applied Energy, 2018, 215：792 – 807.

［52］ Ghazvini M A F, Soares J, Horta N, et al. A multi-objective model for scheduling of short-term incentive-based demand response programs offered by electricity retailers ［J］. Applied Energy, 2015, 151：102 – 118.

［53］ Gonzaez J P, Gosalbez G and Esteller L J. Multi-Objective Optimization of US Economy via Multi-Regional Input-Output Analysis ［J］. 24th European Symposium on Computer Aided Process Engineering, Pts a and B. J. J. Klemes, P. S. Varbanov and P. Y. Liew. Amsterdam, Elsevier Science Bv., 2014, 33：1015 – 1020.

［54］ Guan D and Hubacek K. Assessment of regional trade and virtual water flows in China [J]. Ecological Economics, 2007, 61 (1): 159 – 170.

[55] Han M Y, Yao Q H, Liu W D, et al. Tracking embodied carbon flows in the Belt and Road regions [J]. Journal of Geographical Sciences, 2018, 28 (9): 1263 – 1274.

[56] He P J, Ng T S and Su B. Energy import resilience with input-output linear programming models [J]. Energy Economics, 2015, 50: 215 – 226.

[57] Huang G H, Anderson W P and Baetz B W. Environmental input-output-analysis and its application to regional solid-waste management planning [J]. Journal of Environmental Management, 1994, 42 (1): 63 – 79.

[58] Kim Y G, Yoo J and Oh W. Driving forces of rapid CO_2 emissions growth: A case of Korea [J]. Energy Policy, 2015, 82: 144 – 155.

[59] Konak A, Coit D W and Smith A E. Multi-objective optimization using genetic algorithms: A tutorial [J]. Reliability Engineering & System Safety, 2006, 91 (9): 992 – 1007.

[60] Lenzen M. Structural path analysis of ecosystem networks [J]. Ecological Modelling, 2007, 200 (3 – 4): 334 – 342.

[61] Lenzen M, Dey C and Foran B. Energy requirements of Sydney households [J]. Ecological Economics, 2004, 49 (3): 375 – 399.

[62] Li J S, Chen B, Chen G Q, et al. Tracking mercury emission flows in the global supply chains: A multi-regional input-output analysis [J]. Journal of Cleaner Production, 2017, 140: 1470 – 1492.

[63] Li L, Lei Y L, Wu S M, et al. Study on the coordinated development of economy, environment and resource in coal-based areas in Shanxi Province in China: Based on the multi-objective optimization model [J]. Resources Policy, 2018, 55: 80 – 86.

[64] Li Y Z, Su B and Dasgupta S. Structural path analysis of India's carbon emissions using input-output and social accounting matrix frameworks [J]. Energy Economics, 2018, 76: 457 – 469.

[65] Li Z L, Sun L, Geng Y, Dong H J, et al. Examining industrial structure changes and corresponding carbon emission reduction effect by combining input-

output analysis and social network analysis: A comparison study of China and Japan [J]. Journal of Cleaner Production, 2017, 162: 61 –70.

[66] Liang S, Qu S and Xu M. Betweenness-Based Method to Identify Critical Transmission Sectors for Supply Chain Environmental Pressure Mitigation [J]. Environmental Science & Technology, 2016, 50 (3): 1330 –1337.

[67] Liu H G, Liu W D, Fan X M, et al. Carbon emissions embodied in demand-supply chains in China [J]. Energy Economics, 2015, 50: 294 –305.

[68] Liu Q, Cai W D, Shen J, et al. A speculative approach to spatial-temporal efficiency with multi-objective optimization in a heterogeneous cloud environment [J]. Security and Communication Networks, 2016, 9 (17): 4002 –4012.

[69] Luptacik M and Mahlberg B. Productivity change in a multisectoral economic system [J]. Economic Systems Research, 2016, 28 (3): 344 –361.

[70] Mattioli E and Lamonica G R. The world's economic geography: evidence from the world input-output table [J]. Empirical Economics, 2016, 50 (3): 697 –728.

[71] Meng J, Zhang Z K, Mi Z F, et al. The role of intermediate trade in the change of carbon flows within China [J]. Energy Economics, 2018, 76: 303 –312.

[72] Mi Z F, Meng J, Zheng H R, et al. A multi-regional input-output table mapping China's economic outputs and interdependencies in 2012 [J]. 2018, Scientific Data 5.

[73] Mirjalili S, Saremi S, Mirjalili S M, et al. Multi-objective grey wolf optimizer: A novel algorithm for multi-criterion optimization [J]. Expert Systems with Applications, 2016, 47: 106 –119.

[74] Mozner Z V. A consumption-based approach to carbon emission accounting-sectoral differences and environmental benefits [J]. Journal of Cleaner Production, 2013, 42: 83 –95.

[75] O'Neill B, Grubler A, Nakicenovic N, et al. Schrattenholzer and F. Toth [J]. Planning for future energy resources. Science, 2013, 300 (5619): 581 –581.

［76］ Pascual-Gonzalez J, Jimenez-Esteller L, Guillen-Gosalbez G, et al. Macro-Economic Multi-Objective Input-Output Model for Minimizing CO_2 Emissions: Application to the US Economy ［J］. Aiche Journal, 2016, 62 （10）: 3639 – 3656.

［77］ Schroder H. Input management of nitrogen in agriculture ［J］. Ecological Economics, 1995, 13 （2）: 125 – 140.

［78］ Shrestha P and Sun C Y. Carbon Emission Flow and Transfer through International Trade of Forest Products ［J］. Forest Science, 2019, 65 （4）: 439 – 451.

［79］ Stromman A H, Hertwich E G and Duchin F. Shifting Trade Patterns as a Means of Reducing Global Carbon Dioxide Emissions ［J］. Journal of Industrial Ecology, 2009, 13 （1）: 38 – 57.

［80］ Su B and Ang B W. Structural decomposition analysis applied to energy and emissions: aggregation issues ［J］. Economic Systems Research, 2012, 24 （3）: 299 – 317.

［81］ Su B and Ang B W. Attribution of changes in the generalized Fisher index with application to embodied emission studies ［J］. Energy, 2014, 69: 778 – 786.

［82］ Suh S, Lenzen M, Treloar G J, et al. System boundary selection in life-cycle inventories using hybrid approaches ［J］. Environmental Science & Technology, 2004, 38 （3）: 657 – 664.

［83］ Sun X Q, An H Z, Gao X Y, et al. Indirect energy flow between industrial sectors in China: A complex network approach ［J］. Energy, 2016, 94: 195 – 205.

［84］ Ten Raa, T and Shestalova V. Complementarity in input-output analysis and stochastics ［J］. Economic Systems Research, 2015, 27 （1）: 95 – 100.

［85］ Tian J, Liao H and Wang C. Spatial-temporal variations of embodied carbon emission in global trade flows: 41 economies and 35 sectors ［J］. Natural Hazards, 2015, 78 （2）: 1125 – 1144.

［86］ Tian Y S, Xiong S Q, Ma X M, et al. Structural path decomposition of carbon emission: A study of China's manufacturing industry ［J］. Journal of Cleaner Production, 2018, 193: 563 – 574.

[87] Tsekeris T. Network analysis of inter-sectoral relationships and key sectors in the Greek economy [J]. Journal of Economic Interaction and Coordination, 2017, 12 (2): 413 – 435.

[88] Wang H, Ang B W and Su B. Assessing drivers of economy-wide energy use and emissions: IDA versus SDA [J]. Energy Policy, 2017, 107: 585 – 599.

[89] Wang J, Du T, Wang H M, et al. Identifying critical sectors and supply chain paths for the consumption of domestic resource extraction in China [J]. Journal of Cleaner Production, 2019, 208: 1577 – 1586.

[90] Wang Q, Liu Y and Wang H. Determinants of net carbon emissions embodied in Sino-German trade [J]. Journal of Cleaner Production, 2019, 235: 1216 – 1231.

[91] Wang X C, Tang X, Feng Z H, et al. Characterizing the Embodied Carbon Emissions Flows and Ecological Relationships among Four Chinese Megacities and Other Provinces [J]. Sustainability, 2019, 11 (9): 19.

[92] Wang Z, Xiao C M, Niu B B, et al. Identify sectors' role on the embedded CO_2 transfer networks through China's regional trade [J]. Ecological Indicators, 2017, 80: 114 – 123.

[93] Wei B Y, Fang X Q and Wang Y A. The effects of international trade on Chinese carbon emissions: An empirical analysis [J]. Journal of Geographical Sciences, 2011, 21 (2): 301 – 316.

[94] Wen L and Shao H Y. Analysis of influencing factors of the carbon dioxide emissions in China's commercial department based on the STIRPAT model and ridge regression [J]. Environmental Science and Pollution Research, 2019, 26 (26): 27138 – 27147.

[95] Wiedmann T. A review of recent multi-region input-output models used for consumption-based emission and resource accounting [J]. Ecological Economics, 2009, 69 (2): 211 – 222.

[96] Wiedmann T O, Schandl H, Lenzen M, et al. The material footprint of nations [J]. Proceedings of the National Academy of Sciences of the United States

of America, 2015, 112 (20): 6271 –6276.

[97] Wieland H, Giljum S, Bruckner M, et al. Structural production layer decomposition: a new method to measure differences between MRIO databases for footprint assessments [J]. Economic Systems Research, 2018, 30 (1): 61 – 84.

[98] Wood R and Lenzen M. Aggregate Measures of Complex Economic Structure and Evolution [J]. Journal of Industrial Ecology, 2009, 13 (2): 264 – 283.

[99] Wood R and Lenzen M. Structural path decomposition [J]. Energy Economics, 2009, 31 (3): 335 –341.

[100] Wu C Y, Huang X J, Yang H, et al. Embodied carbon emissions of foreign trade under the global financial crisis: A case study of Jiangsu province, China [J]. Journal of Renewable and Sustainable Energy, 2015, 7 (4): 19.

[101] Yao X J, Gong D W, Wang P P, et al. Multi-objective optimization model and evolutional solution of network node matching problem [J]. Physica a-Statistical Mechanics and Its Applications, 2017, 483: 495 –502.

[102] Yu W, Li B Z, Jia H Y, et al. Application of multi-objective genetic algorithm to optimize energy efficiency and thermal comfort in building design [J]. Energy and Buildings, 2015, 88: 135 –143.

[103] Yu Y and Chen F F. Research on carbon emissions embodied in trade between China and South Korea [J]. Atmospheric Pollution Research, 2017, 8 (1): 56 –63.

[104] Zhou D Q, Zhou X Y, Xu Q, et al. Regional embodied carbon emissions and their transfer characteristics in China [J]. Structural Change and Economic Dynamics, 2018, 46: 180 –193.

[105] Zhu Q and Peng X Z. The impacts of population change on carbon emissions in China during 1978 –2008 [J]. Environmental Impact Assessment Review, 2012, 36: 1 –8.

[106] Zuo L Y, Shu L, Dong S B, et al. A Multi-Objective Optimization Scheduling Method Based on the Ant Colony Algorithm in Cloud Computing [J]. IEEE Access, 2015, 3: 2687 –2699.